人生は、あなたが「こうなりたい」と思った瞬間から激変し始める

・アドラーの教えをひと言で表せば、こうなるだろう。
―ストリア出身の精神科医で、フロイトやユングと並ぶ偉大な心理学者アルフレッド・アドラー。その教えの特徴は、**明るさと勇気にある。**

信じ、勇気をもって未来を築いていく。
言い訳に立ち止まったりしない。
練によって、何者にでもなることができる」

人間関係もプラスにとらえる。
過去にもとらわれない。

過去の事実は変えられないが、過去の事実に対する意味づけは自分次第でいくらでも変えられる。

つまり、**自分の心のもちようで、人生は一瞬で変えられるのだ。**

「こう生きた」という過去が今の自分を決めていると思うのは、一面にすぎない。むしろ**「こう生きたい」という未来こそが、今の自分を決めているのである。**

だからこそ人生は希望に満ち、生きるに値《あたい》するのだ。

私たちは、すぐれた人を「天才だから」「運がいい」と決めつけがちだ。しかし、よく見ると、彼らの人生は、実は「勇気」に支えられていることがわかる。

たとえばアインシュタインは、学校は中退し、大学受験にも一度失敗、研究者として大学に残る道も選べなかった。

明らかな落ちこぼれである。だが、アインシュタインは「自分を信じる勇気」を失わなかった。不本意な就職にも腐らず研究に打ち込み、やがて相対性理論によって物理学に革命を起こし、文学や哲学にまで影響をもたらす存在になるのである。

アップル創業者のスティーブ・ジョブズも同様だ。

大学を中退し、お金も人脈もなく、プログラミングの技術すらもたなかった。

そんな若者が起業し、マッキントッシュによってパソコン界に革命を起こす。

さらに、一度は失脚したものの復活し、iPodやiPhoneによって世界の文化まで変えてしまうのである。

それほどのことができたのも、やはり「宇宙に衝撃を与えるんだ」という情熱だけを武器に「生きる勇気」がジョブズにあったからである。

こうした生き方を知るほどに、アドラーの言葉の素晴らしさがわかってくる。


私はかつて人材採用の業界に身を置いていた。

そこでも、たとえばバブル期に就職活動をした学生と、いわゆる氷河期に就職活動をした学生とでは、選択肢に極端な落差が生まれていたものだ。

最初の就職でつまずき、その後の生き方が変わる人も少なくなかった。

「好景気の時に卒業していればなあ」と嘆きたくなるのも当然のことだろう。

かといって劣等感にとらわれていては、人生は決して前に進まない。

そんな時こそ、「たら」「れば」という仮定の中に逃げ込まず、「人は何者にでもなることができる」というアドラーの楽観主義を実践する勇気が必要だと思う。

つまり、**自分を強く信じることだ。**

自分を強く信じて努力を続ければ、必ず軸のしっかりとした「ブレない自分」というものが形づくられてくる。

アドラーの心理学は学問的体系というよりも、人生をまっすぐ生きるための案内図だ。

本書は、すぐれた人のさまざまな人生例をあげながら、わかりやすい案内図を描いてみた。

それが読者の生きる支えになれば、これにまさる幸せはない。

桑原晃弥《くわばらてるや》

「ブレない自分」をつくるコツ

目次

人生は、あなたが「こうなりたい」と思った瞬間から激変し始める

第1章 過去も未来もすべて「自分次第」

第4章 失敗こそがブレない自分をつくる

第5章 置かれた場所で最善を尽くす

第6章

「真の仲間」があなたの人生を豊かにする

「自分を知る」のではなく、「自分を変える」のがアドラー心理学

装幀▼一瀬錠二(Art of NOISE)　帯写真▼Paul McGee/getty images
プロデュース・編集▼アールズ吉田宏　本文デザイン▼宮澤来美

第1章

過去も未来もすべて「自分次第」

01

「才能がない」。だからこそ努力することで人生は開ける

▼資質に恵まれた人間が必ずしも成功するとは限らない

アドラー心理学は、遺伝をあまり重視しない。

遺伝ばかりに目がいくと、努力をあきらめてしまいがちだからだ。

「自分には才能がないから」という言い訳が先に立ってしまう。

重要なのは遺伝ではない。

「遺伝として与えられたものをどう使うか」だ。

どんな人も、適切な訓練と地道な努力を重ねることで、たいていのことはできるようになるのだ。

伏見《ふしみ》工業高校ラグビー部監督だった山口良治《やまぐちよしはる》氏が、こんなことを言っている。

「日本一のラグビー選手になる。そう心に思うことにお金はいりません。力もいりません。身長もいりません。思うだけなら何もいらないんです。でも、思わなければ近づきませんせん」

山口氏はラグビー日本代表として活躍し、監督としても、無名だった伏見工業高校を強豪に生まれ変わらせた有名アスリートだ。人気テレビドラマの主人公のモデルになったこともある。

だが、ラグビーを始めた当初は足が遅く、競走はいつもビリだった。

そのうえ通う高校も強豪ではないという「ないないずくし」の境遇だった。

もし山口氏が遺伝や境遇ばかりに目を向け、「あれさえ備わっていればなあ」とないものねだりをするような人間だったら、その後の活躍はなかっただろう。

山口氏は、何度も挫折《ざせつ》しながら、人一倍の努力を積み重ねていった。

だから栄光を手に入れることができたのだ。


与えられていないものを数え上げても意味はない。ないものねだりは自分で自分に限界を設ける行為であり、「できない言い訳」を探しているだけのことだ。

そんな暇があれば、与えられたものを磨き、使いこなしていくほうがいい。

もちろん、遺伝を無視することはできない。

誰もがすぐれたアスリートや優秀な学者になれるとは限らないし、必死で努力したのに、資質に恵まれた人間に追い抜かれて悔しい思いをすることもある。

一方で、資質に恵まれた人間が必ず成功するとも限らない。

資質に恵まれた人間は、努力の手をゆるめることが、つい多くなる。その結果、「努力の人」に追い抜かれてしまうケースが少なくない。

恵まれた人間に追いつき、追い越す機会はいくらでもあるのだ。それなのに他人の才能をうらやましがってばかりいては、機会を自分から捨てることになる。

与えられていないから努力を怠るのではなく、**与えられていないからこそ努力する**。そういう態度が人生を成功に導いてくれる。

Adler's Advice

「与えられたもの」を最大限に生かそうという姿勢が、あなたの人生を変える

02

「性格は変えられる」し、「性格を変えること」で人は成長する

▼性格は遺伝ではなくライフスタイルからつくられる

性格は変えられるか。

性格は生まれつきのものであり、変えることは不可能だと考える人が多いのではないだろうか。

だが、それでは性格で悩む人には救いがないことになる。

その点、アドラーの心理学は明るい。人間を「変えられない」という宿命論や運命論に閉じ込めたりしない。

性格は簡単には変えられないが、決して生まれつきのものではなく、変えることが可能だと考える。

アドラーはまず、自分、人生、世界についての意味づけを「ライフスタイル」と呼ぶ。そして、**性格はライフスタイルが外に表れた形である**と考える。

人は生まれた時から、ある目的や目標をもち、それに向かって歩み始める。

歩みの過程で、「こうすればうまくいく」「こうするとうまくいかない」という経験を重ねて、ライフスタイルを築き上げていく。

ライフスタイルは四～五歳（現代アドラー心理学では十歳）前後に確立される。

そして、その後はCDが毎回同じ音楽を再生するように、人生の課題に対して同じように考え、同じように行動するようになる。

ライフスタイルは、簡単に変えることはできない。幼い頃に築き上げただけに、それを通して世界を認識し、考え、行動していることにすら気がつかないからだ。

かといって、絶対に変えられないものではない。

本人が自分のライフスタイルを認識すれば、望ましい方向へと変えていくことができる。

「われわれは皆……必要な時に子どもの頃の人生戦略の誤りに気づき、それを変えることで成長できる」とアドラーは言っている。

アップル創業者のスティーブ・ジョブズは、三十歳の誕生日に、「人生の最初の三十年で、人は自分の習慣をつくる。そして残りの三十年では、習慣が人をつくり上げる」という一文を書いた。

習慣を「ライフスタイル」と言い換えてもいいだろう。

ジョブズは、だからあきらめろと言っているのではない。だからこそ意識的に変わろうと言っているのである。

こうも述べている。

「過去ばかり振り向いていたのではダメだ。自分がこれまで何をして、これまで誰だったのかということをきちんと受け止めたうえで、それを投げ捨てればいい」

人はいくつになっても挑戦できるし、成長できる。

そのためには、慣れ親しんだやり方を意識し、それを変えることだ。

Adler's Advice

パターンを意識してみると、それを変えるヒントが見つかる

03

できる人をうらやまない。「あの人にできるなら自分にもできる」と考える

▼伝統がないなら、自分で新しい伝統をつくり出せ

ある家族や家系が、多くの有能な人間を輩出することがある。

たとえば「アスリート一家」「音楽家の家系」「学者一族」などだ。

これは、遺伝の力ではないのだろうか？

違う。遺伝ではない。

アドラーは、それは「伝統」の力だと断言している。

そして「**一人の非常に有能な人によって家族に与えられる伝統は、遺伝の働きと似た効果をもっている**」と、家系の謎《なぞ》を解き明かしている。

有能な人間は、生き方や成功ノウハウなど多くの面で周囲に強い影響を与える。最も強く影響されるのは家族だろう。影響は定着し、子から孫へと伝わる「伝統」になっていく。その結果、子孫に有能な人が出てくるのである。

たとえば職業が世襲だった封建社会では、親から子へとノウハウが伝えられた。それも伝統の一つだ。決して遺伝ではない。

相対性理論の発見で知られる天才物理学者アインシュタインは、「両親のどちらから科学的才能を受け継いだのか」という質問に、こう答えている。

「私は特別な才能などもっていません。ただ、極端に好奇心が強いだけです。ですから、遺伝のことは問題になりません」

確かに、アインシュタインの家系に格別の科学的才能をもつ人は見当たらない。アインシュタインは、「好奇心が強い」という与えられた性格を生かすことで、物理学に革命をもたらしたのである。

「伝統」の力に関しては、歌手の矢沢永吉《やざわえいきち》氏が面白いことを言っていた。

「うちは裕福だからとうそぶいている人だって、そのご先祖の誰かが成り上がったんですよ」

矢沢氏の代名詞は「成り上がり」だ。

早くに母親と別れ、父親も亡くし、祖母の手で育てられる貧しい子ども時代だったが、大好きな音楽に熱中することでカリスマ的存在になっている。

そこには遺伝がないどころか、「伝統」もない。

矢沢氏は、自力で成り上がったのだ。

もし、今後、矢沢家がミュージシャンを輩出する家系になったとしたら、それは矢沢永吉氏が「一人の非常に有能な人」として伝統をつくったからだ。

一人の人間には必ず両親がいるから、家系を五代さかのぼれば六十二人の先祖がいる。十代さかのぼると先祖は二千四十六人にも及ぶ。兄弟姉妹などの血族を加えると、「一族」の数は膨大《ぼうだい》になる。

その中には、非常に有能な人が必ずいるはずだ。

自分が優秀だとしたら、その祖先がつくった伝統を受け継いだのである。

自分が優秀でないとしたら、自分自身が、有能な祖先になればいいのである。矢沢氏のように成り上がって、最初の一歩を刻めばいい。

Adler's Advice

自分の家系が優秀でないなら、あなたが成り上がることだ

04

未来は「自分次第」で変わる。過去も「自分次第」で変えられる

▼過去にとらわれてしまうときは、過去を変えてしまえばよい

子どもが学校で暴れるといった問題行動をしばしば起こすとする。

その時、「自分の育て方が悪かったからだ」と、原因を過去に求める親がいる。

これを「原因論」という。

だが、原因論で問題行動がおさまるだろうか。むしろ子どもに**「自分がこうなったのは親が悪い」という言い訳を与えるだけになる恐れがある。**

一方、「なぜ問題行動を起こすのか」と、原因を目的に求める親もいる。

これを「目的論」という。

目的論に立つと、「暴れるのは教師の注目を集めたいからだ」「みんなに一目《いちもく》置かれたいからだ」といった子どもの特性が見えてくる。

すると「叱《しか》るのは『注目を集めたい』という目的を満たすことになるから、やめたほうがいい」とか、「別の面で一目置かれる存在になれ、と指導しよう」といった対策が取れるようになる。

アドラーは目的論に立つ。

一方、精神分析の創始者であるフロイトは、原因論に立つ。

アドラーとフロイトは一時はとても親密だったが、ほどなく決別している。決別した理由の一つが、目的論と原因論の違いにあった。

原因論は、過去のできごとや遺伝といった変えることのできないものに、どうしてもとらわれてしまう。

それに対し、目的論では、「こうしたい」という意思や目標が今の自分を決めると考える。つまり**目的論では、未来が今を決めている**。

だから目的論には、過去にとらわれず、進む方向さえ変えればいいという明るさがある。過去は変えられないが、未来は変えられるという希望が生まれてくる。

さらに、アドラー心理学は「**過去すら変えられる**」と考える。

もちろん、タイムマシンに乗って過去を直接変えるのではない。過去は変えられないが、**過去のできごとの意味づけは変えられる**、ということだ。

そのいい例が、スティーブ・ジョブズである。

ジョブズは若くして大成功をおさめたものの、三十歳の時、自らCEO（最高経営責任者）にスカウトした人間によって、自分の会社であるアップルを追放された。

それはあまりにつらい経験だった。

だが、ジョブズは後年、このできごとについて、こう話すようになった。

「その時は気がつきませんでしたが、アップルをクビになったことは人生最良の経験であることがわかってきました」

手痛い経験によって、ジョブズは、かえって若い頃の自己過信や傲慢《ごうまん》さから自由になることができた。軽やかな初心者に戻り、人生で最もクリエイティブな時期に再び歩み出すことができたのである。

やがてジョブズはアップルに復帰、数々の革命的製品を世に送り出し、倒産寸前に陥っていたアップルを時価総額世界一の企業へと再生することになった。

Adler's Advice

過去は変えられないが、過去のできごとの意味づけを変えることで明るく生きられる

05

表面的な原因にとらわれない。問題は根本から絶つ

▼ものごとの真因を突きとめ、あるべき姿にもっていく

今や世界のものづくりのスタンダードとなっているトヨタ式（トヨタ生産方式）に、「『なぜ？』を五回くり返せ」という有名な言葉がある。

問題が起きた時、パッと目につく表面的な原因に手を打つだけで終わりにしてはいけないと戒めた言葉だ。

表面的な原因の背後には、本当の原因（真因）が隠れている。

それを「なぜ？」「なぜ？」と突き詰めていく必要があるのだ。

たとえば機械が止まった時、「止まったのは過熱したからだ。少し休ませて熱を冷まそう」で終わらせない。

「なぜ過熱した？」「潤滑油が不足していたからだ」「なぜ？」「機械に潤滑油を供給する装置が不調だったからだ」「なぜ？」「供給装置のフィルターが外れてゴミが入っていたからだ。これが真因だった」というように突き詰め、真因を解決するのがトヨタ式である。

ところが、私たちは往々にして表面的な原因に飛びつきやすい。

表面的な原因は「解決は簡単だよ」と優しく語りかけ、心を一瞬だけ軽くしてくれるからだ。

だが、それでは本当の解決にはならない。

問題を先送りしただけになる。

大切なのは**真因を知り、問題を完全に解決すること**だ。

それができて初めて、人は前を向いて歩き出すことができる。


たとえば犯罪の原因を「貧しい家庭環境」といった過去に求める場合があるが、それは正しいのだろうか。

どんな犯人でも、確かに同情すべき点はあるのだろう。

だが、犯人と同じような環境にあった人はたくさんいる。

そうした人のほとんどは罪など犯さない。

努力して大成功をおさめた人も多い。

そちらを見ずに、「貧しさ＝犯罪」だと主張するのは短絡的だろう。

人間は、あるできごとから必ず同じ影響を受け、同じ行動を取るわけではない。**人間は多様であり、意思や努力によって未来を変える存在である。**

「貧しさ＝犯罪」のように、実際には因果関係がないことを結びつけて原因と見なすことを、アドラーは、「見かけの因果律」と呼んでいた。

見かけの因果律は、私たちの生活やビジネスの中にもあふれている。何でも遺伝のせいにすることがそうだし、「不景気＝赤字」といった図式もそうだ。

見かけの因果律にとらわれてはいけない。

本当の問題解決は真因を突き詰め、あるべき姿へと状況を変えていくことだ。

Adler's Advice

問題は表面的な原因に振り回されないで根本から改善する

06

自分を無理やり何かに当てはめてレッテルを貼らない

▼「私はAタイプなのでBは苦手」という発想をやめる

私たちはよく、人間をタイプ分けする。血液型や星座がそうだ。心理学でも、たとえば体型で分類したり、一枚の絵から何を連想するかで分けたりする。

選択肢はたいてい数種類。七十億人以上もの全人類を分類するにはムリがあるというものだが、性格や相性を知りたい欲求が、それだけ強いということだろう。

アドラーも、タイプ分けは行っていた。

だが、注意が必要だと考えていた。

「**タイプは利用できる。しかし、似たものの場合でさえ、他ならぬこの人は違うということを忘れてはならない**」と言い、タイプに分ける時、「人間は一人ひとり違う」「同じ人は一人としていない」ということを強調していた。

アドラーの心理学を「個人心理学」とも言う。

個人心理学は、まさに個人の独自性にスポットライトを当てるものなのだ。

では、独自性はどこで生まれるか。

もって生まれた性格や資質だけではなく、他者との関わりを通して生まれる。他者との関わりの中でどのように考え、どう行動するかの違いが独自性になる。

だから、性格を一般的なタイプに当てはめても、大した意味はない。関わる他者が変われば、タイプ分けなど役に立たなくなるからだ。

アドラーは、タイプ分けは個人の類似性について理解するためのもので、個人の違いについて理解できるとは考えていなかった。

重要なのはタイプを知ることではない。

時には**タイプを変える必要があることを知り、分類に逃げ込むことなく課題に挑戦することが重要である。**

タイプ分けは、とかく「私は一人っ子だから、これが苦手」とか「B型なのでムリ」などという「できない言い訳」に使われる。

それでは、タイプ分けはかえって有害になってしまう。

タイプ分けと似たものに、「ポスト○○」「第二の○○」といった評価法がある。

人物の特徴や、目指す方向がたちどころにわかるような気がする便利な言い方だ。

だが、一方で人にレッテルを貼《は》る危険もある。

その危険をとても嫌ったのが、アマゾンの創業者のジェフ・ベゾスだ。

アマゾンは当初、「ウェブ界のウォルマート」と呼ばれ、ベゾスも「インターネット界のマイケル・デル」などと評されていた。

こうした言い方に対して、ベゾスは常に、「私たちを要約しようとするジャーナリストを、絶対にあっと言わせてやるぞ」と考えていた。

なぜなら、ベゾスは他社を真似《まね》したり、目標にしたりするのではなく、どこにもないビジネスを創造するパイオニアになろうとしていたからだ。

個人にも同じことが言える。向上し続けるためには、タイプ的に生きるのではなく、タイプを知って、しかも悠々とタイプを超える生き方が大切である。

Adler's Advice

時には自分で自分のタイプを変えてみる

07

時に
あきらめの悪い人間が
成功するのはなぜか？

▼今いるレベルを「与えられた限界」と決めつけるな

アドラーは、くり返し「自分を過小評価するな」と言っている。

人間は、あらゆるものになれる可能性を秘めているが、過小評価すると、自分のレベルを現状で固定してしまい、「もう追いつけない」とあきらめるようになる。

そんなふうに可能性の扉を閉じてしまうのは、あまりにももったいない。


アドラーは、あきらめは学校時代から始まっていると指摘する。

学校では、成績上位の子はずっと上位、平均並みの子はずっと平均並み、最下位の子は卒業まで最下位でいることが多い。スポーツのできる子、音楽が抜群の子などでも、こうした順位の固定化は顕著だ。

なぜ、こんなレベルの固定化が起きるのか。

原因は頭脳の発達というより、心理的な惰性《だせい》にある。

「子どもたちが、何度か試練にあった結果、自分自身に制限を課し、楽観的であることをやめる」からなのだ。

差がついたことをもって生まれた才能のせいにし、「がんばっても追いつけない」と思い込んでしまう。

そんな思い込みは間違っていること、実際は追いつけることを子どもに教えなければいけない。


勉強やスポーツの順位を決めるのは、もちろん、遺伝や才能だけではない。もって生まれた能力の差など気にせず、ひたむきに努力を続け、少しずつ限界を突破していく人が勝者になっていく。

テニスの錦織圭《にしこりけい》選手がそうだ。

五歳でテニスを始め、十一歳で全国小学校選手権優勝、十三歳で米国のプロアスリート総合養成学校IMGアカデミーに進んでいるが、最初の一年は格上の選手二十名にまったく勝てなかった。

数あるスポーツの中でも男子テニスは日本人にとって、最も成功が望めなかった分野の一つである。環境や身体能力の違いなど、限界を数え上げたらきりがないほど難しい世界だった。

もし錦織選手が自分を過小評価し、「もう追いつくことはできない」と努力をあきらめていたら、今の成功はなかった。

限界を決めず努力を重ねたからこそ、ＩＭＧで二年目にはポイントが取れるようになり、三年目から勝てるようになり、今の栄光の道が開けたのである。

「追いつけない」というあきらめの気持ちをもたない。

「追いつける」と信じて努力を重ねる。それが最も尊いことなのだ。

もちろん、努力をしたからといって誰もが一位になれるわけではない。

だが、少なくとも、じっと立ち止まっているよりは、はるかに先へと進むことができる。

Adler's Advice

たとえ百回「ダメだ」と言われても、決して自分をあきらめない

08

未来は自分でつくれる。だから、人生は面白い

▼占いなどに頼らず、自分で自分の未来をつくれ

未来は予測できない。だから人生は不安だと考える人がいる。

それと逆に、未来が予測できないから人生は楽しく、努力のしがいがあると考える人もいる。

本田技研工業創業者の本田宗一郎《ほんだそういちろう》氏は、人類が発見した分野と未知の分野が塗り分けられた直径三mの円盤をドイツの科学博物館で見た。人類が発見した分野は、わずか五cmほどだった。あまりの小ささに本田氏は驚いたが、やがてこう言った。

「**俺のためにこれだけ未知の世界が残されていると思えば、かえってファイトが湧《わ》くじゃないか**」

かつて日本メーカーの攻勢で弱体化していた米国の電気メーカー、ゼネラル・エレクトリック（ＧＥ）を世界最大の複合企業に再生させた伝説のＣＥＯジャック・ウェルチは、こう言っている。

「事業は、もっともらしい計画や予測を立てるから成功するのではない。成功するのは、**現実に起こっている変化を絶えず追いかけてそれに素早く反応するからだ**」

パソコンの父と呼ばれる米国の科学者アラン・ケイは言う。

「未来を予想する最高の方法は自分でつくり上げること」

この偉大な三人に共通するのは、**変化を恐れないこと**だ。変化に柔軟に対応すれば、新たな自分になれる。それは未来をつくることだ。

未来をつくれるから人生は面白い。

アドラーももちろん、明るく未来を見る。

「人生のチャレンジが無尽蔵であることは、われわれにとって幸運である。人間の追求努力は決して終わることはなく、**常に新しい物語を見出すか、あるいは、創《つく》り出すことができる**」と言っている。

恋愛や結婚の不安についても、同じことが言える。

他人の心は計り知れない。だから不安でたまらない。

そう恐れおののいて恋愛に臆病《おくびょう》になったり、結婚に未来を託せない人がいる。

だが、二人の将来を占うなど不可能だ。

恋愛や結婚のゆくえがわからないからこそ、相手を理解しよう、よりよい関係を目指そう、と人は努力する。

人間はそうやって人を愛し、家庭を築き上げてきた。

誰でも未来を知りたいし、恋愛や結婚に保証が欲しい。保証がなければ、やはり不安だ。その気持ちはわかる。

だが、予測できないから努力を続けるのだし、知恵を出すことができるのだ。

大切なのは、わからない未来にわくわくし、何が起きても乗り越えていく強さをもつことだ。

自分の力で変えられるから、人生は生きるに値する。

Adler's Advice

果てしない未知の世界を知ろうとするところに生きる面白さがある

09

「運命」は、いつでもあなた自身の手でコントロールできる

▼他人の人生を生きるな。自分の人生を生きよ

アドラーは、スピリチュアリズムや、テレパシーなどの超能力を否定している。宗教上の教えすらも、無批判に信じ込むことはなかった。「**自分の体験から裏付け証明できることでなければ語らない**」という科学者らしい信条を保った。

何にでも疑問をもち、自分の目で確かめてみる。そして証明できることだけを信じる。こういう科学的な態度には、父親の影響もあるようだ。

アドラーは後にプロテスタントに改宗しているが、子ども時代はユダヤ人の家庭に育った。

ある年、ユダヤ教の祭日である過越《すぎこし》の祭《まつり》の時、アドラーは一つの確認をした。過越の祭の時には天使がユダヤ人の家を調べ、マツォー（種なしパン）を供えているかを見ると言い伝えられている。それが真実かどうかを確かめたのだ。

そこで、みんなが寝た後、食器棚にあるパンを祭壇のマツォーと取り換え、何時間も寝ないで待った。

だが、天使が現れることはなかったという。

アドラーは驚かなかった。いつも父親からこう聞かされていたからだ。
「誰であれ、お前に何かを言っても信じてはいけない」

私たちは人生のすべてをコントロールできるわけではない。

だが、だからといって超越的なものに頼って人生をコントロールしようとするのは、努力の放棄につながる。

宗教的信念をもつのは、必ずしも悪いことではない。スピリチュアリズムや超能力も、人類社会に古くからあるアニミズム（霊魂信仰）やシャーマニズム（呪術《じゅじゅつ》信仰）の現代的な形だと見ることもできる。

問題は、それに頼り切り、依存してしまうことだ。

スピリチュアリズムや宗教上の教えが、人生開拓力を弱めさせてしまう場合、それらは歓迎すべからざるものとなる。

大切なのは、**目的をもち、それに向かって努力することだ。**未来不安に陥ったら、「現実には自分は何一つ失っていないではないか」と言い聞かせよう。

アドラーやフロイトと並ぶ心理学者で分析心理学を創始したユングは、宗教にも接近することで自分の学説を深めた。

だが、アドラーはあくまで現実の人生をどう生きるかを、科学的に探求した。

その立場からすれば、「人間は運命をコントロールできない」と思わせるような宗教的信念は、もたないほうがいい。

スピリチュアリズムや超能力にのめり込みすぎる傾向にある人は、個人の責任をあいまいにしていないか、人生を変える努力を拒んでいないか、振り返ってみたほうがいい。

Adler's Advice

超越的なものの力に頼りすぎない。自分の人生は自分でコントロールできると考える

人間は不安の中に生まれ
闇《やみ》に消える存在かもしれない
だが一つ確実なことがある
あなたの周りには無数の人がいる
あなたは心に囲まれ
可能性の中を生きているのだ

第2章

「ありのままの自分」を認める勇気

10

完璧でなくていい。できるところから始める

▼完璧でない自分を認める勇気をもつ

「勇気」は、アドラー心理学の大切なキーワードである。

勇気には三つある。

①不完全である勇気

②失敗をする勇気

③誤っていることを明らかにする勇気

中でも「不完全である勇気」は、ものごとを成し遂げるうえで非常に大切だ。

アドラーは、「誰でも何でもできる」「子どもは詩人にも音楽家にもなれる」と、くり返し主張している。

こうした楽観的な考え方には、批判もあった。

努力すれば確実に向上するが、「詩人にも音楽家にもなれる」とは限らない。そこにはおのずから限界があると、普通は考える。

しかし、アドラーのねらいは別にあった。

勇気づけである。

多くの人が、遺伝や環境を理由に「できない」「ムリ」と思い込み、挑戦をあきらめる。それではいけない。

特に親や教師は、子どもに「できない」と言ってはダメだ。

「努力次第で何でもできる」と勇気づけることが大切なのだ。

もちろん、「できる」と信じて努力をしても、失敗や間違いという壁が次々と立ちはだかるだろう。

その時、助けになるのが**「不完全である勇気」**だ。

壁にぶつかった時にモチベーションが急に下がるのは、「完全でありたい」という願望が強すぎるからである。

「誰だって不完全。失敗しながら完全に近づけばいい」と気持ちを楽にもったほうがいい。それなら壁にぶつかっても簡単にはダウンしない。

できるところから少しずつ前に進むことができる。

本人が自覚していたかどうかは別として、不完全である勇気で世界を制したのがマイクロソフト創業者のビル・ゲイツだ。

天才的な才能をもち、プライドが高かったものの、出す製品は百点満点とはいかなかった。初期の「ウィンドウズ」など欠点だらけだったと言っていい。

だが、ゲイツは、ライバルのスティーブ・ジョブズにバカにされながらも、決してあきらめることなく改善を重ねて、大きな成功を手に入れている。

トヨタ式にも「百点を目指すな、六十点でいい」という言い方がある。

必要なのは、**「マイナス四十点」を受け入れる勇気だ**。点数を積み上げていく前向きな気持ちを大切にする。それさえあれば六十点は誇るべき点数となる。

Adler's Advice

最初から完璧《かんぺき》にしようと思わない。やりながら少しずつ改善すればいい

11

「冒険的なこと」をあえて「やめる勇気」をもつ

▼「蛮勇」と「真の勇気」を勘違いしてはいけない

アドラーは、勇気を「真の勇気」と、それ以外に分けていた。真の勇気とは、**人生の問題から逃げずにきちんと対処する勇気**だ。それ以外の勇気とは、いわゆる蛮勇《ばんゆう》、無鉄砲を指す。両者は時に入り交じり、蛮勇を「真の勇気」と勘違いしてしまうことがある。

勘違いを起こす原因を、アドラーは二つあげている。

一つ目の原因は賞賛である。

泳げない少年が、友人と川に行った。川は大変深かったが、少年は無謀にも泳ごうとした。そして危うく溺《おぼ》れるところだった。彼は賞賛されたいという衝動に突き動かされて、危険行為をしたのである。

もちろん少年も危険は予期したに違いない。だが、「**危険に陥っても誰かが救ってくれるだろうと期待したのである**」とアドラーは指摘している。

二つ目の原因は臆病である。

自分が臆病であることを隠すために、わざわざ勇気を見せようとする。
A、B、C、三人の子どもが初めてライオンを見た。
Aは恐がり、「家へ帰ろう」と言った。

Bは「なんて素敵なんだろう」と言ったが、震えていた。

Cは「ライオンに唾《つば》を吐きかけてもいい」と言った。

三人はいずれもライオンを恐がっているが、反応は異なっている。

Aの反応は、健全と言っていい。

BとCは恐怖心を隠そうとして虚勢を張っている。

アドラーは、BやCのような反応を「虚栄心」と呼んだ。

そして、虚栄心によって行動する人は、**勇気があるように見えても、実は自信が欠如しているのであり、困難を避けていると指摘している。**

私たちは「臆病者」と言われるのをとても恐れる。

だが、臆病を恐れるあまり、やめる勇気や引き返す勇気を失うことがあってはならない。

日本の品質管理の草分けで第一級の科学者だった西堀栄三郎《にしぼりえいざぶろう》氏は、登山家としても有名で、第一次南極越冬隊の隊長を務めた。

そんなことから「冒険家」と呼ばれることもあった。

だが、西堀氏自身は自分を「探検家」と考えていた。

冒険とは「危険を冒す」ことだ。

だが、西堀氏はいつもリスクを負わないように事前準備を万全に行っていた。だから、断じて「冒険」ではない。「探検」だったのだ。

Adler's Advice

「危険を冒す」のは、真の勇者ではない

12

「一人だからやめる」ではなく「一人でも始める」

▼最初の一人になる。その勇気が周りに伝染していく

「勇気は臆病と同様、伝染するものである」とアドラーは言っている。

確かにそうだ。チームにひどく弱気な人がいると、「この人に引きずられてはいけない」と思いつつも、どうしても徐々にみんなが弱気になっていく。

逆に、情熱を燃やす人が一人いると、自然と周囲に協力者が集まり、やがては素晴らしいチームが結成され、結果を出していくものだ。

思い出されるのが、若い頃のスティーブ・ジョブズが指揮した初代マッキントッシュの開発チームである。

ジョブズは「まだ世界に存在しないパソコンをつくって宇宙に衝撃を与えたい」という壮大な夢を抱いていた。その夢は次第にチームに浸透し、共有されていく。そして、チーム全員が何年間にもわたって週八十～九十時間も働くようになり、夢は実現されるのだ。

普通であれば過労死しておかしくないほどの激務である。しかし、**夢を共有すると、激務をものともしない力が湧いてくるのだ。**

こうした伝染を経験した人は多い。

ある若いトヨタマンが協力会社の改善指導に赴《おもむ》いたが、現場の人はさっぱり動いてくれなかった。

理由は、トヨタマンに「自分はトヨタから来たのだから、協力会社の人は言うことを聞いてくれて当然だ」という意識があったからだ。

事務所の机に陣取って指示を出すだけでは、現場の気持ちはつかめない。反省したトヨタマンは、現場に朝早くから行き、夜も遅くまで一緒に働くようにした。改善も、みんなの意見を聞きながら進めるようにした。

最初は反発されるばかりだった。

だが、そのうちに一人、二人と協力する人が現れるようになった。

そして、いつの間にか飛躍的に改善が進むようになったという。

この経験を通してトヨタマンは、熱意を見せる大切さを学んだ。「**腹を決めてやっていると、どういうわけか必ず道が開けるんです**」と述懐している。

「自分一人の力では何もできない」と、行動をためらう人がいる。

確かに、一人の力には限界がある。

だが、「一人だから、あきらめよう」と考えないほうがいい。

「一人だから、声を上げよう」「一人でも、行動しよう」と考えよう。

「もしもわれわれがわれわれの勇気を保てば、他の人が彼ら自身の勇気を発達させるのを援助することができる」とアドラーは言っている。

熱意は重力のようなものだ。必ず多くの人が引き寄せられる。

そして、引き寄せられた人々の力は、一つの方向へと束ねられていく。

大切なのは、**まず自分の情熱を自分自身が信じることだ**。たった一人でも、何かをスタートすることだ。思いは伝染し、チームができあがっていく。

それは、よりよい社会をつくる力にもなっていく。

Adler's Advice

情熱を傾ける人の周りに、人は必ず集まってくる

13

勇気は、成功や失敗の中で試されて本物になる

▼勇気はもらっただけではダメ。行動によって磨いていく

「勇気をもらった」という言い方がある。

勇気は人からもらえるものだろうか。

アドラーは「**勇気をスプーン一杯のように与えることはできない**」と否定的だ。代わりに「勇気づけ」を重視している。

子どもとの関わり方を例に取ろう。

叱責は望ましくない。

叱責には怒りが伴う。怒りは人と人を引き離す。子どもを援助するには距離の近さが必要なのに、叱責は距離を遠くしてしまうのだ。

賞賛も慎重になるべきだ。

賞賛しすぎると、子どもはほめられたいがために行動するようになる。自発的な意思が薄れ、ほめられなければ何もできない子どもになってしまう。

もっとも望ましいのが**勇気づけだ**。

子どもが人生の課題を前に挑戦をためらうのは、課題が困難だからではない。自分に価値がないと感じているからである。

自分に価値を感じるようになれば、課題に取り組む意欲は自然に湧いてくる。

アドラーは、幼い少女の例をあげて説明している。

少女が人形の帽子を縫っているのを見て、「素敵だね」とほめ、もっといい縫い方を提案すると、少女は勇気づけられる。そしてさらに努力して技能を向上させるだろう。

しかし、少女に「危ないから針を置きなさい。人形の帽子くらい買ってあげる」と言えば、少女は興味を失い、努力をやめてしまうだろう。

周囲のアプローチ次第で、勇気は増したり失われたりするわけだ。

ただし、「勇気」という薬を飲ませれば、「挑戦をためらう」という症状がたちどころに治るわけではない。そこに「課題を解決しよう」という本人の意思がなければ、どうにもならない。

勇気づける一方で、実践をうながすことが必要である。

成功や失敗をくり返す中で、意欲が高まり、あきらめない力が身につく。

それが真の勇気となる。

アドラーは**「勇気が訓練されるのは社会の中においてだけである」「勇気は実践においてだけ学ぶことができる」**と指摘する。

できれば年齢や能力が似た仲間と切《せっ》磋《さ》琢《たく》磨《ま》するのがいい。共同作業の中で勇気がつちかわれ、後述する「共同体感覚」も養うことができる。

知識や技術でも、読んだだけ、聞いただけでは役に立たないものだ。磨いて現実的な知恵にしてこそ、役に立つ。

「勇気をもらった」と叫ぶだけで終わっては、その勇気は役に立たない。日々の行動と経験によって、もらった勇気を磨くことが必要である。

Adler's Advice

勇気は、磨いて実践することで初めて役立つ

14

「やればできる」に隠された本当の心理

▼「本気になりさえすれば、できる」というが、いつ本気になるのか

「自分はやればできる」と言う人がいる。言わないけれど内心そう思っている人も多くいる。それは正しいのだろうか。

多くの場合、心理的な隠れ蓑《みの》にすぎない。

アドラーはそれを、子どもと体罰の関係から明らかにしている。

まだ体罰などが容認されていた時代にも、アドラーは子どもを罰することに疑問を投げかけていた。

「罰することで怠惰な子どもを矯正《きょうせい》できる、と考えている教師は、いつも失望することになります。**どんな厳しい罰であっても、怠惰な子どもを勤勉な子どもに変えることはできないからです**」と指摘している。

そもそも、子どもはなぜ怠惰になるのか。怠惰であることによって、自分の能力のなさを知られずにすむからである。その心理はこうだ。

「自分が課題を達成できないのは、単に怠けているからにすぎない。自分の能力は、こんなものではないんだ。本気になりさえすれば、できる」

「やればできる」の心理である。

子どもは、能力のなさを白日《はくじつ》のもとにさらされるくらいなら、怠惰を叱られてもいっこうにかまわないのだ。

むしろ、「怠けているから、できない」と正当化できるから好都合だ。「やればできる」と自分に言い聞かせられるし、他人にもそう装うことができる。

では、怠惰な子どもは、どんな時に怠惰から脱し、真剣に課題と取り組むようになるのだろうか。

アドラーは、状況が変わった時だと言っている。

「たとえば、**思いがけない成功をおさめた時、あるいは、担任が厳しい先生からやさしい先生に代わった時です**」

新しい担任は、子どもがもっているわずかな勇気を理解し、熱心にアプローチしては勇気づけるだろう。

そんなふうに状況が変わった時、怠惰の仮面はすみやかに捨て去られる。

そして積極的な態度が表に現れるのである。

言うまでもなく、これは子どもに特有の心理ではない。おとなも同じだ。成功をおさめた時や上司の態度が変わった時、人は驚くほど変化するものである。

罰するのではなく、状況を変える。

これは、あらゆる年代に当てはまる成長法則だろう。

経営学者のピーター・ドラッカーは「**生きることは、変わり続けることだ**」と言っている。罰は変化を断ち切るだけであり、逆効果しかもたらさない。

子どもは、体罰はイライラの表れであることを知っている。体罰を加える人間が実は無力であることもわかっている。どうしていいかわからないから体罰に走るのだということも見抜いているのだ。

Adler's Advice

相手を変えたければ、罰するのではなく状況を変える

15

夢は未来を示すものではない。未来は自分で決めるもの

▼フロイトは夢に意味を与え、アドラーは夢を空想と切り捨てる

睡眠中にいい夢を見れば「好運が舞い込むかも」と幸せになり、いやな夢を見ると「悪いことが起きなければいいが」と不安になる。

そんな気になる夢について心理学的に考察したのが、フロイトの代表的著作『夢判断』だ。

発表当初は激しく批判された著作だが、アドラーは高く評価していた。

フロイトの夢判断が、夢の意味は一人ひとり違うと考えていたからだ。

それまでは「蛇の夢を見た→蛇はセックスの象徴→性的欲求不満」という画一的な解釈が一般的だった。

だがフロイトは、蛇の夢を見た人に「最近、本物の蛇を見たか」「蛇のほかに嫌いな生物がいるか」などと質問することで一人ひとりの精神状態を把握し、相手が何に苦しみ、どうすれば解決できるかを追求しようとした。

これが有名な「自由連想法」である。

だが、やがてアドラーはフロイトから離れていく。

フロイトは夢は無意識の現れであり、決定力をもつと信じたのに対し、アドラーは**夢は想像力の一部にすぎず、決定力などない**と考えたからだ。

その例として、アドラーは「シモニデスの夢」を取り上げている。

ギリシアの詩人シモニデスが他国に招かれた。しかし、彼は船が待っているのに出発をぐずぐず延期し、友人たちに督促《とくそく》されても動かなかった。

やがてシモニデスは夢を見た。生前に親しかった死者が現れ、「あなたは私を手厚く葬ってくれたので、お礼に忠告します。他国には行かないように」と言う夢だ。

目覚めたシモニデスは、他国に行かないことを決意したという。

アドラーはこの話について「シモニデスは実際には、夢を見る前から行かないでおこうと決めていたのである」と言っている。

つまり、シモニデスは**「行かない」と結論を出しており、彼の想像力が、結論に都合のいい夢を見させた**、ということになる。

フロイトの夢判断だと、夢がシモニデスに「行かない」という決心をうながしたことになる。二人の見地は正反対である。

夢は未来を示すものではない。未来は自分の意思が決める。夢は決意を補強するために自分がつくり出す想像にすぎない。

そう考えるアドラーは、たとえ不吉な夢を見ても、動じることはなかった。講演するためにアメリカへ初旅行をする直前、アドラーは悪夢を見た。自分の乗る船が転覆、沈没するのだ。船は壊れ、荒海に投げ出されたアドラーは必死に泳いで、何とか陸地にたどり着くことができた。

フロイトなら「凶」として、渡米を取りやめたかもしれない。

だが、アドラーは、未知の国への長い船旅に不安を感じて悪夢を見るのは当然だと考え、なんら臆《おく》することなく渡米し、講演で大成功をおさめている。

Adler's Advice

勇気ある人は、夢に未来を左右されない

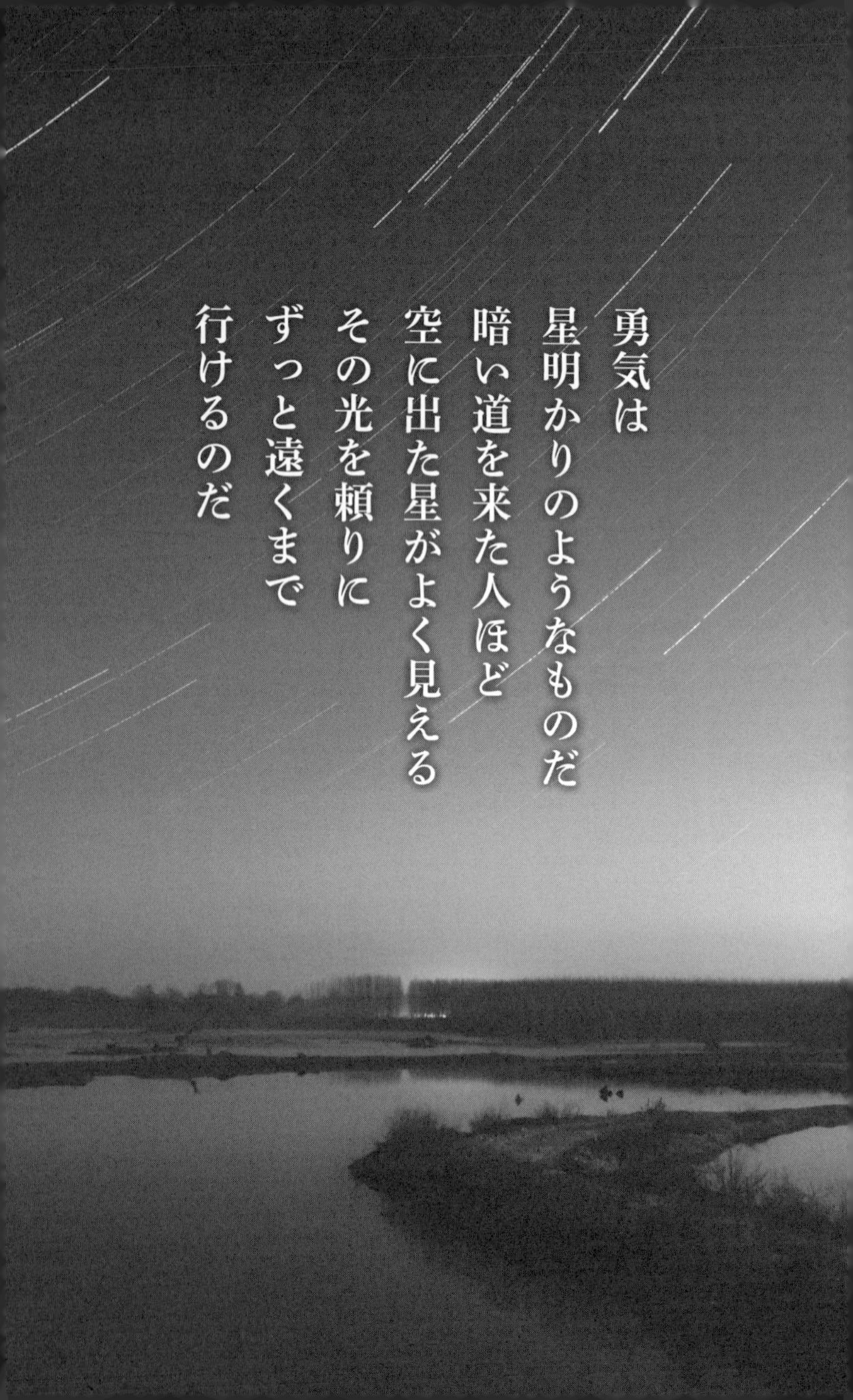

勇気は
星明かりのようなものだ
暗い道を来た人ほど
空に出た星がよく見える
その光を頼りに
ずっと遠くまで
行けるのだ

第3章

他人の評価より自分の評価を大切にする

16

悪い報告に「ありがとう」を言うと信頼関係が増す

▼悪い上司は失敗を責め、いい上司は解決策を示す

上司が部下の意欲をそぐのは、とても簡単だ。

提案に対しては、「失敗したらどう責任を取るつもりだ」。

挑戦して失敗したら、「だからお前はダメなんだ」。

ここには、意欲をかき立て、挑戦を後押ししようという温かい気持ちはない。

部下を脅し、人格を傷つける無神経さだけがある。

残念ながら、ビジネスの現場には、こうした上司がしばしばいる。

上司がそうだと、部下は叱責を恐れて保身ばかり考え、課題からも逃げがちになってしまう。

上司の役割は部下への叱責や攻撃ではない。**成功するにはどうすればいいかを示し、失敗してもめげないように勇気づけることだ。**

優秀な営業マンAさんが営業チームのリーダーに抜擢《ばってき》された。

張り切ったAさんは部下に厳しい目標を課し、達成できない人には熱血指導を超えて感情を爆発させることもあった。

未達に終わった原因を聞こうともせず、「もっと気合を入れろ」「できないのなら辞めてしまえ」と罵倒《ばとう》するのだ。

やがて部下はAさんの顔色を見て動くようになった。機嫌のいい時を見計らって、いい報告だけを行う。悪い報告は隠す。

当然、チームの成績は急速に悪化した。Aさんはますますヒステリックになり、チームは崩壊寸前になってしまう。

追い詰められたAさんがかつての上司に相談すると、こうアドバイスされた。

「失敗の報告に対して『ありがとう』と言うことだ」

叱責ばかりしていると部下は挑戦をやめ、失敗を隠すようになる。チームの士気は低下し、悪い情報を知らない上司は判断を誤る。

Aさんが、まずは「ありがとう」のひと言から始めるのを実践してみると、不思議なことに「じゃあ、対策はどうしようか」という言葉がスラスラと出てくるようになった。

もともと優秀な営業マンだったから、アドバイスも的確だ。

やがてチームの信頼関係は修復され、営業成績も急上昇するようになった。

アドラーは、子どもを勇気づけるためにやってはいけないことをあげている。

- 怒りを爆発させること、不機嫌であること
- 嘲笑すること、不平を言うこと
- ほかの子どもと比較すること
- 人格を攻撃すること

いずれも強い劣等感を生み出し、ものおじして殻《から》にこもる子どもをつくる。

賞罰は行為に対してのものであり、人格に対して行ってはならない。それは、おとなと子どもでも、上司と部下でも、まったく変わらない人間関係の法則である。

Adler's Advice

人間は叱責から学ぶのではない。信頼関係の中から出てくるアドバイスから学ぶのだ

17

批判を気にする時間があったら、日々の自分の成長を大切にする

▼批判にさらされても気にしない勇気をもつ

アドラーがスコットランドの大学で連続講義を行った時のことだ。大学の心理学教授と滞在先のホテルで話をしていると、一人の青年がこう話しかけてきた。

「お二人が心理学者であることは知っています。でも、私がどんな人物かを言い当てることはできないと思いますよ」

教授は困惑したが、アドラーはその青年の人物像を、こう言い当てた。

「あなたは非常に虚栄心が強いですね」

虚栄心の強い人は他人が自分についてどう考えるかを非常に気にするものだ。見知らぬ人に自分のことを聞いた青年の行為は、まさにそれに当てはまるのである。

虚栄心の裏側には強い劣等感がある。だから、他人の価値を認めることを、あたかも自分が侮辱《ぶじょく》されたかのように感じてしまう。

他人の価値を認めたからといって、自分の価値が下がるわけではない。しかし、誇るものをもたず自信がないにもかかわらず虚栄心だけが強い人にとっては、他人の価値を認めるのは耐え難いことなのだ。

この青年ほど極端ではなくても、何かにつけて他人のやることにケチをつける人は、私たちの周囲にも結構いる。

優越感を得たいなら、自分で努力をするのが先決だ。そうした**努力をしないで皮肉や悪口を言う人を、人間関係の中に置いてはいけない。**

虚栄心は何も生まないからだ。うっかり皮肉や悪口に同調してしまうと、自分の価値を下げる結果になってしまうからでもある。

モノづくりの世界にも「君は批判する側か、それとも何かをつくり上げる側か」という言い方がある。

どんなことであれ、何かを成し遂げるのは大変なことだ。自分で努力せず、他人を評価すらしない批判者に価値はない。そんな人になるな、という意味である。

もしあなたが特定の人から極端な批判にさらされたら、気にすることはない。

批判は相手の劣等感の裏返しなのだ。

自分の日々の成長を大切に守ろう。

人は知らない人には攻撃的、批判的になるものだ。虚栄心の強い人も、あなたの努力を知るにつれ、攻撃を弱めるはずだ。

仮にその人が批判を続けても、やがて周囲があなたの価値を認めてくれる。

Adler's Advice

悪口は「言わない」「聞かない」「同調しない」

18

どんな相手とも対等な立場で接する

▼人間関係は言葉ひとつ、態度ひとつで大きく変わる

上司が部下を、「おまえさあ、あの件はどうなってるの？」というように、「おまえ」と呼ぶことがある。

「君」「さん」をつけないことで、親しみを込めたつもりかもしれない。

だが、部下からすると「こいつは俺の部下なんだ。言うことは何でも聞くぞ」と言われている気がしないでもない。

その点、アドラーの考え方は明確だ。性別や年齢、国などに関係なく、コモンセンス（常識）のある人なら誰もが対等な関係にあると考えていた。

「一緒に仲良く暮らしたいのであれば、互いを対等の人格として扱わなければならない」と言っている。

人と人は対等だからこそ協力できるし、助け合える。対等でなくなってしまえば互いを敵と感じ、協力や助け合いを拒むようになるものだ。

たとえ上司と部下という仕事上の上下関係にあっても「この人は仲間だ」と思えるから仕事は前に進む。

「上司と部下なんだ。対等じゃないんだよ」と感じさせるような言い方は、避けたほうがいい。

ビジネスで対等であることが大切なように、恋愛や結婚でも、対等なパートナーとして認め合うことが不可欠だ。

あえて、自分よりも社会的な地位が「下」の人、病気という意味で「弱い」人をパートナーに選ぶ人がいる。

アドラーは「結婚は、一緒に生きることを決意することであり、その目的は、互いの人生を援助し、豊かにすることである」「結婚は建設的な課題である」と考えている。

だから、自分よりも弱いということを期待してパートナーを選ぶ人は、優越欲求をあらわにしていると指摘している。

愛は二人の課題なので、相手への関心をもたなければならない。関心をもつためには、二人が対等であることが欠かせない。

愛を健全に育《はぐく》み、いい結婚をして建設的に生きるには、互いを対等な人として扱うことが必要である。

もし、あえて対等ではない人を選べば、パートナーシップとしての結婚を揺るがすことになる。それがアドラーの見方だった。

上司と部下、取引上の上下関係、親と子、先生と生徒、夫婦や恋人といったどんな関係でも、対等な関係を大切にする。

そこに「すぐれた自分が低いおまえに教えてやる」「人生の先輩として正しい道を指導してやる」といった意識が入り込むと、信頼関係は崩れ、仲間ではなくなってしまう。それでは協力や助け合うという感覚が生まれるはずはない。

「われわれは皆仲間です」というのは、社会生活を営むうえで大切な考え方となる。

Adler's Advice

信頼関係は
対等な関係から育まれる

19

信頼できる相手の意見でも鵜呑みにせず、自分の頭で考える

▼自分の頭で考えない人間はバカにされる

世界一の投資家と呼ばれ、人柄の清廉《せいれん》さから「賢人」とも称される大富豪ウォーレン・バフェットに、「ワンストライク」というエピソードがある。

若い頃、ある投資家から「なぜこの株を買ったのか」と聞かれ、「投資の師であるベン・グレアムが買ったから」と答えたところ、「ワンストライク」と言われてしまったという話だ。

「自分の頭で考えろ。**人が選んだから追随するという態度では、そのうち三振してしまうぞ**」という忠告だった。

バフェットは、この短い言葉を生涯の戒めにしたという。

「プロに勧められたから」「有名人の推薦銘柄だから」といった理由で株を買っても、成功率は高くならない。大切なのは**自分の頭で考えて買うことだ**。それでこそ成功できるし、たとえ失敗しても後悔の少ない投資になる。

人間関係でも同じことが言える。

「上司の指示だから」「親や先生に言われたから」という理由で行動するのは、失敗した時の責任転嫁先を最初から用意しているようなものだ。

それでは納得のいく結果を出すのは難しいし、成長もしない。自分の頭で考え、自分の責任で行動してこそ、成功も失敗も成長の糧《かて》にすることができる。

アドラーは、こうした自己責任回避の態度を「隷属《れいぞく》にはよく準備されているだろうが、自由が与えられるとどうしていいかわからない」と表現した。

子どもをそんなふうに育ててはならないとして、こう言っている。

「あまりに多くの親が盲目的で理不尽な従順を強要する」「**子どもが犬のように従うことは望ましいことではない**」と。

人間は、自由であってこそ、「やりたいことをやる」ではなく、**「やるべきことをやる」という理性的な態度が取れる。**

「命じられたことをやる」という強制的な状況からは恐怖が生まれるだけであり、理性的な活動は生まれない。

アドラーは、第一子のヴァレンティーネがウィーン大学を卒業した時、「今やあなたは完全に自由であり、自分自身の人生を自分のやり方で築いていかなければなりません」と書いた手紙を送っている。

「縛り付ける特定の規則とか規律というようなものは、もはやありません。あなたがたどるのに値する数多くの道があるだけです。

いいかい、何を選択するかという問いすらありません。あるのは、**あなたが選択したことをどのように行うかということであり、あなたが到達することを決めたレベルがあるだけです**」と続けている。

使い勝手のいい人間になんかならなくていい。

なにものにも隷属せず、自ら選択する。方向もレベルも自分で決め、自分で進んでほしい。それがアドラーがわが子に贈った言葉だった。

Adler's Advice

自ら考え、自ら行動する人物を育てる

20

他人の評価は受け流し、「自分軸」で生きる

▼判断基準は「自分の内なる声」

ウォーレン・バフェットは、自分に対する他人の評価について、こんなことを言っている。

「絵を描いているようなものなんだ。『とってもきれいな絵ですね』と人々が言ってくれればうれしい。しかし、それは私の絵だ。『青ではなく、赤を使ったほうがいいんじゃないか』と言う人がいたら、さよならと言ってやる。私の絵なんだ。人がどういう値段をつけようが関係ない。

人がどう振る舞うかを大きく左右するのは、**内なるスコアカードがあるか、それとも外のスコアカードがあるかということなんだ。内なるスコアカードで納得がいけば、それが拠《よ》りどころになる**」

バフェットは世界一の投資家だが、いつも順風満帆《じゅんぷうまんぱん》だったわけではない。アメリカがＩＴバブルに浮かれていた時期には、「過去の人」と笑われたこともあった。

ＩＴ企業の将来性に疑問をもち、投資をいっさいしなかったからだ。

「過去の人」扱いされては、さすがのバフェットも誇りが傷ついたに違いない。

非難から逃れるために、信念を少し曲げてもよかった。

しかし、バフェットは「きれいな絵ですね」とほめられるよりも、**「自分の絵」を描くことを重視し、信念を貫き通したのである。**

やがてＩＴバブルははじけ、バフェットの正しさが証明されたが、それには一年以上の歳月を要している。

人の評価に左右されるのは、社会で生きている以上、ある程度は仕方がない。

だが、それが極端になると虚栄心が強くなり、現実との接点を失う。

アドラーは「**実際にどうかよりも、どう思われるかを気にすれば、容易に現実との接触を失う**」と指摘している。

私たちは「悪い人だ」とけなされたからといって、悪い人になる必要はない。

「いい人だ」とほめられたからといって、ムリによい人を気取る必要もない。

大切なのは、**バフェットの言う「内なるスコアカード」だ。自分がどう考え、ど**

う行動したいかである。

スコアカードをきちんと意識しておかないと、他人の求める価値観や、自分の考え方とは異なる行動を受け入れ、それに走ってしまう恐れがある。

自分は他人のすべてを知っているわけではない。同様に、他人も自分のすべてを知っているわけではない。

それを忘れて、他人にどう思われるかばかりを気にすると、自分のない人間になってしまう。

「人にどう思われようとかまわない」とまで開き直るのは難しいが、少なくとも他人の目ばかりを気にするのはやめよう。

「何をやりたいか」「何をすべきか」を見失わずに生きていくことが大切だ。

Adler's Advice

他人がどう思うかなんて関係ない。ようはあなたがどうしたいかだ

21

難しいことほど、優しい言葉で伝える

▼偉大な人は普通の言葉ですごいことを話す

フォーブス・デニスというイギリス人が、有名な個人心理学の創始者であるアドラーに会う前、期待に胸を大きくふくらませていた。

だが、実際に会って深く失望したという。アドラーが難解な哲学も語らず、天才性を感じさせもしなかったからだ。

「実際に会ったのは、**特別なことは何も話さず、誰にも話しかける親切で思いやりのある客人だった**」と語っている。

アドラーは恰幅《かっぷく》がよく、寛容で優しい中年男性であり、格別の特徴はなかった。目は謎めいていて、時には刺し通すような光を放ったが、それ以外の点では普通のことを話す普通の人に思えたという。

そんな印象が一変したのは、アドラーが「私たちは皆仲間です」と発言した時だった。この言葉を聞いた時、デニスは「アドラーが普通の人であると思わなくなりました。私が見て、そして聞いていたのは、偉大な人であることがわかりました」と語っている。

恐らくデニスは、この短いひと言に個人心理学の核心が述べられていることを悟ったのだろう。

偉大な人は難しい顔をして難しい言葉を話すものだというイメージをもつ人がいる。それは間違っている。

難しい顔をするのは他者への思いやりがないだけであり、難しい言葉を話すのは表現力が不足しているからだと思っていい。

作家の井上ひさし氏は、「難しいことをやさしく、やさしいことを深く、深いことをおもしろく、おもしろいことを愉快に」と言っている。

真に偉大な人は、ことさら偉大さを表に出したりしない。普通の言葉ですごいことを話す。特別扱いを求めない。

そもそも、平凡、非凡などという区別を超越しているから偉大なのだ。

アドラーが講演した際、ある人が「みんな当たり前の話（コモンセンス）ではないか」と言った。アドラーはこう答えた。

「それで、コモンセンスのどこがいけないのか？」

さらにこんなことも言っている。

「私はいつも私の心理学を単純にしようとしてきました」

難解な本を読んだり、講演を聴いたりして、自分の理解力の低さを嘆くことがある。そういう時は、人間は人間関係の中で生きていることを思い出そう。

相手が理解できない書き方、話し方をするほうが悪いのだ。きちんと整理できているなら、誰にでもわかる平易な表現で伝えられるはずである。

現代でも、たとえばプレゼンテーションのテクニックとして、困った質問をされたら、さらに難解な話題をもち出してごまかせと言う人がいる。「質問するなら、当然これくらいは理解しているんでしょ？」という雰囲気を出して反撃するのだ。

だが、そんなテクニックを使うようでは、真の人間関係は築けない。

Adler's Advice

自分が真に理解したことだけが、他人にも理解させることができる

22

敵をつくることを恐れるな。言うべきことは、言う勇気をもつ

▼アドラーとフロイトも仲違《なかたが》いしたから成長した

転職する理由の背後に、人間関係があることは珍しくない。上司や同僚、取引先との関係に疲れ、よりよい環境を求めて会社を辞めるのだ。

人は他者との関わりの中で生きている。

一人で生きていけるのなら、協力も競争も必要ない。

だが、一人で生きられないのなら、人生の中心に人間関係が置かれるのは当たり前である。

だから、**私たちの問題のほとんどは、対人関係に関わるものだ。**

アドラーは、それ以外の問題はないとさえ言い切る。

愛する人との間や、親友と呼べる人との間にも、人間関係の問題は起きる。

真のパートナーシップについて、アドラーはこう考えていた。

「勇気のある人は……誰かを犠牲にして自分の価値を誇張する必要はないだろう。この人は愛を失うことを恐れないだろう」

注目すべきは「愛を失うことを恐れない」という表現だ。

恋人でも友だちでも、友情や愛を失うことを恐れると、言うべきことを言わずにすませてしまうようになる。それどころか歓心を買おうとして、相手の要求を何でも受け入れるようになることがある。

アドラーは、こうした関係は間違いだと指摘している。

そして、**親友は、相手の幸福に常に関心をもつが、一方で相手を怒らせることを恐れない**、と言っている。

アドラー自身は「思い出す限り、私はいつも友人や仲間に囲まれていた」と振り返っているように、いつも友人や仲間に囲まれていた。

同時に、誰に対しても言うべきことは言う姿勢を貫いている。

アドラーとフロイトとの出会いは、アドラーが、批判の多かったフロイトの『夢判断』を擁護する投稿を新聞に行ったことがきっかけだと言われている。

その二年後にフロイトは、アドラーを自分が主宰する勉強会に招待した。以来、二人は親密に交わるが、やがて違いが表面化する。

- アドラーは希望を未来の目的に求め、劣等感を重視する
- フロイトは苦しみの原因を過去に求め、性的欲求を重視する

結局、アドラーはフロイト中心のウィーン精神分析協会を脱退して自由精神分析協会を設立する。それが個人心理学会へと発展するのだ。

フロイトもアドラーもすぐれた心理学者である。ウィーン精神分析協会は、アドラー、フロイト、ユングという心理学の二巨人が一堂に会した場だった。

こうした場合、お互いの利害を考え、表向きは親密さを保つケースもある。

しかし、アドラーは利害のために偽りの友情を続けることはなかった。

そんなアドラーだからこそ、個人心理学会にはたくさんの仲間が集まったし、ヨーロッパでもアメリカでも多くの支持者を得たのである。

Adler's Advice

衝突よりも、偽りの平穏のほうを恐れよ

人間関係の原因も
過去ではない
相手ですらない

これからどうしよう？

二人を決めるのは
自分の意思と
気持ちである

第4章

失敗こそがブレない自分をつくる

23

失敗は失敗ではない。失敗だと思った瞬間に失敗に変わる

▼誰でも失敗をくり返しながら成長してきた

「不完全である勇気」がものごとの達成に大切なように、「失敗をする勇気」「誤っていることを明らかにする勇気」は、自己の成長に重要な要素だ。

「失敗をする勇気」をもつ人の関心は、目の前の課題をいかに解決するかに向く。きわめて前向きである。

しかし、失敗を恐れる人の関心は、どうしても他者からの評価や叱責に向く。失敗して悪く言われたくないという体面にとらわれるため、結果的に課題への挑戦を避けてしまうようになる。

これでは、人としての成長は望めない。

こうした人に、アドラーは次のようにアドバイスしている。

「われわれは皆、誤りを犯す。しかし重要なことは、**誤りを訂正できるということである**」

私たちは誰でも、幼い頃からさまざまな失敗をくり返す中で学び、成長してきたのだ。だから、失敗を恐れる必要はない。

失敗によって何かが失われたなら、それを回復する努力をすることだ。同じ失敗をくり返さないためには、どうすればいいかを学ぶことである。

その時、「誤っていることを明らかにする勇気」がカギになる。

誤りを明らかにしてこそ、失敗の原因を究明できる。

隠そうとするから、「悪く言われたくない」「恥をかくのはいやだ」と体面にとらわれるのだ。その結果、失敗を恐れるようになり、どうすればできるかではなく、「できない言い訳」ばかりを考えるようになってしまう。

失敗を前向きにとらえていたのが、ソニー創業者の一人である井深大《いぶかまさる》氏だ。

井深氏は、トランジスタの生産に挑戦した時、歩留《ぶどま》りわずか五%の段階で、生産にゴーサインを出している。

歩留まりとは良品を生産できる率のことだ。それが五%なら、九五%は不良品ということである。失敗率九五%の段階で生産を始めるのはあまりに無謀に見える。

だが、井深氏の考え方は違った。誰もがつくれるような製品なら、競争相手は無数にいる。**つくるのが難しい製品ほど競争相手は少なくなり、挑戦する価値がある**と考えた。そして実際、完全な自社生産としては世界初のトランジスタラジオを完成させ、世界のソニーの礎《いしずえ》を築いている。

その井深大氏との対談でこう話したのは、本田宗一郎氏だ。

「九九％失敗の連続であった。そして実を結んだ一％の成功が現在の私である」

本田氏も、失敗をする勇気を重視した。おとなは若者の、上司は部下の挑戦を後押しし、失敗に寛容であれと、常々こう話していた。

「失敗したからといって、くよくよしている暇はない。間髪を入れず、その原因究明の反省をして、次の瞬間にはもう一歩踏み出さなければならないのである」

多くの人が失敗する勇気をもてば、世の中は挑戦意欲にあふれた素晴らしい社会になるのではないだろうか。

Adler's Advice

九九％失敗しても、残りの一％成功すればいい

挫折してもいい。再び立ち上がって挑戦する胆力をもて

▼人生の早い時期に失望と挫折を経験し、克服せよ

幼い頃、アドラーはビタミンD不足などによる骨格異常「くる病」に悩まされていた。包帯を当てられ、外に出てもベンチに座っていることが多かった。「どんな動きにも大変な努力がいった。皆は私を助けるのに骨を折った」と回想している。

幸い健康を回復できたが、ほかにもアドラーはよちよち歩きの頃、無呼吸の発作を起こしたり、五歳の時には肺炎になって死にかけたりしている。

そんな幼児体験もあってのことだろう。こう言っている。

「困難と格闘することなしには成長することはできない」

「人生の早い時期に失望と挫折をいかに克服するかを学ぶことが重要である」

成長に成功体験の果たす役割は大きい。

小さくとも成功を重ね、少しずつ自信を育てていくことは大切だ。**低いハードルを飛び越えていくうちに、少しずつ高いハードルを越えられるようになっていく。**

だが、**成功体験以上に必要なのが失敗や困難である。**

失敗や困難を知ることなく、親に甘やかされた子どもは、やがてこんな困った心理傾向に陥ると、アドラーは指摘している。

- 常に注目の中心に立たないと我慢できなくなる
- 自己中心的な傾向を示し、他者を抑圧し、自分に仕えさせようと努める
- 与えることではなく取ることを自分の権利と見なす

二十世紀を代表する名サッカー選手で名監督でもあったヨハン・クライフは、こう言っている。

「才能ある若手にこそ、挫折を経験させなければならない。**挫折は選手を成長させる最大の良薬だからである**」

才能ある若手は、その世代では群を抜くから、ライバルは少ない。

しかし、おとなと戦えば、体格や経験などで圧倒されることになる。

圧倒された時、「年の差だから仕方がない」とあきらめるようでは未来はない。

若いなりに、状況を注意深く観察し、機敏な行動を取る必要がある。

おとなに負けるという挫折を経て、やがて誰にも負けないおとなになれる。

「無我夢中でやるのがチャレンジ精神だと思ったら大間違いで、大事なのはその先だ」というのは、ホンダの二代目社長だった河島喜好《かわしまきよし》氏の言葉である。

河島氏は二輪レースの最高峰であるマン島レースでホンダの監督を務め、初挑戦では大敗して「井の中の蛙《かわず》」を実感している。

しかし、二年後には圧勝、ホンダの名前を世界に知らしめた。

河島氏は、最初の挑戦は無我夢中で取り組めるが、本当に大変なのは、苦しさも敗北も経験した後だという。

すべてを知ったうえで挑戦するには、自分で自分を奮い立たせる力が必要だ。

この力の有無が、成長するかどうかの分かれ目になる。

Adler's Advice

失敗に強くなることは、
意思が強くなることだ

25

成功した時こそ反省し、プロセスを見直してみる

▼偶然の成功を「何度も再現できる成功」に高める

山田久志《やまだひさし》氏は、阪急ブレーブス（現オリックス・バファローズ）で通算二百八十四勝を上げた大投手だ。入団三年目から二年連続で二十勝以上を上げた。

だが、膝を痛め、新しい変化球が必要になる。そこで同じチームの先輩投手、足立光宏《あだちみつひろ》氏に、シンカーを教えてほしいと相談した。

ところが、教えてくれなかった。

山田氏は一人で試行錯誤をするしかなかった。足立氏から途中でヒントはもらえたものの、完全に覚えるまで三年もかかり、その間、成績は低迷が続いた。

しかし、山田氏に恨みや後悔はない。

なぜなら、**必死に考えたからこそ、自分だけの武器にすることができたからだ。**

実際、シンカーは山田氏復活の原動力となり、その後の野球人生を支えてくれた。

それは足立氏の思いでもある。

足立氏は、後輩をあえて突き放したのだ。

「教えていたら、今のシンカーにはならなかっただろう」と振り返っている。

三年間の低迷は、常に結果を求められるプロの世界で、とても長く感じられただろう。だが、腐ることなく困難に立ち向かったから、山田氏は栄光をつかんだ。

現代では、結果を重視する成果主義の傾向が強い。過程は軽視されがちだ。アドラーは、そんな「結果オーライ」的な風潮に対して、こう警告している。

「ほとんど努力することなしに手に入れた成功は滅びやすい」

アドラーが活躍したのは第一次世界大戦前後のウィーンだ。晩年はアメリカに移住した。私たちとは時代も国もかなり隔たっている。

だが、成果主義の風潮は当時からはびこっていたようだ。こう指摘している。

「成功したかどうか、という結果によって判断し、困難に立ち向かい、それを切り抜ける力によって判断しない」「私たちの文明では、根本的な教育よりは、目に見える結果、成功のほうにより関心がある」

結果を出すことは確かに大切だ。企業も学校も結果によって人を評価する。

だが、結果さえ出せばいいとなると、それが免罪符《めんざいふ》となってしまう。何をしても許されるという誤解が生じがちだ。

極端になれば、「コツコツ働くよりも危ない仕事で儲《もう》けるのが賢い」「結果の出せない社員はゴミ。会社にいられないようにしろ」といった心の荒廃をもたらす。

結果だけではなく、過程を見ることが大切だ。

成功には、まぐれ当たりや辛勝《しんしょう》が結構ある。結果だけを見て喜んでいては、そういう偶然の成功が、次の確実な成功につながらない。

成功した時こそ反省し、過程を見返すことだ。

成功は確かに自信になるし、人の評価も得られる。だが、成功し続けるには、努力や創意工夫、困難をどう克服したかという過程を重視することが欠かせない。

人を評価する時も、過程を見ることで本当の力を見抜くことができる。

Adler's Advice

結果は同じでも、過程の違いによって、その後に大きな差が生まれる

26

弱みを強みに変える努力をやめない

▼弱みを強みに変えるのは誰でもできる。やらないだけ

人は誰しも強みと弱みの両方をもっている。

ビジネスの世界では、ピーター・ドラッカーが「何事かを成し遂げるのは、強みによってである」と言うように、強みを伸ばして一流を目指すほうがいいかもしれない。努力しても並にしかならない弱みに時間を費やすことはない、と思える。

だが、問題がある。

多くの人は強みをあまりもたず、逆に弱みはいくつも抱えていることだ。

それを考えると、弱みは置き去りにしていいとは断言できない。

自分で弱みだと決めつけているものの中に新しい可能性がないかを探し、努力して強みに変えることも必要になってくる。

和田毅《わだつよし》投手は早稲田大学時代、江川卓《えがわすぐる》氏の東京六大学奪三振記録を抜く四百七十六の三振を奪っている。

福岡ダイエーホークス（現福岡ソフトバンクホークス）で活躍後は、大リーグのシカゴ・カブスに移籍した。いつも脚光を浴びてきた人気投手である。

だが、体は細身で剛速球タイプではない。高校時代の球速はせいぜい百三十キロだ。そんな大きな弱みを抱えながら、なぜ活躍を続けられるのか。

速いボールを投げられないからプロには進めず、大学に進んだ。

そして「なんてしょぼいのか」と非力に悩んだ末、効率のよいフォームで弱みを補う方法を考えたのだ。緩急をつけることで遅いボールを速く見せる技術である。

こうして、周囲が「スピードガンの数字よりも速く感じる」と驚くほどの投球ができるようになった。

和田投手は「逃げなくてよかった」と語り、身体能力の弱みから野球をあきらめかける子どもに「僕にもできるという勇気をもってほしい」と伝え続けている。

アドラーも同様の経験を通して、人は与えられた才能によって決まるのでなく、努力すれば、誰でも何でもできるのだと確信するようになった。

たとえばウィーンのコムナーレ実用高等学校時代のことだ。

アドラーは飛び級をして級友より一歳若かったから、成績維持に苦労した。

特に数学はどう努力しても伸びず、そのため、ついに留年してしまう。父親は怒り、「学校をやめさせて職人の徒弟にする」と息子を脅した。恐れをなしたアドラーは必死に勉強し、その結果、やがて学校中で最も数学ができる生徒の一人になったのである。

「この経験から、**特別な才能とか生まれついての能力があるという理論が誤っていることがわかった**」とアドラーは語っている。

さらにアドラーは内科医時代に、サーカスで働く怪力男、曲芸師、軽業師《かるわざし》といった異能人の多くが、幼い頃は虚弱体質だったことも知った。

彼らは努力によって、心理学で言う「器官劣等性」を克服したのである。

さしたる強みをもたないのなら、いつまでも弱みを抱えたままでいないほうがいい。敢然と弱みの克服に挑むことだ。そこから新しい展望が開けてくる。

Adler's Advice

弱みと決めつけているものの中に新しい可能性がある

27

自分自身で限界をつくらない。どこまでも成長できると信じる

▼物理的、身体的な限界もあるが、多くは心理的な壁である

限界と戦うことで勝利を手にしたアスリートはきわめて多い。

たとえば清水宏保《しみずひろやす》氏がそうだ。

二十世紀最後の冬季オリンピックである長野のスピードスケート五百ｍで金メダル、一千ｍで銅メダルを獲得し、次のソルトレイクでは五百ｍで銀メダルを獲得した超一流アスリートである。

ところが、実は小学校の頃から、大会があるたびに「今年で終わりだろう」と言われ続けていた。

世界的なアスリートのほとんどは背が高く、素晴らしい体格をしている。だが、清水氏は身長が百六十二㎝と低いうえ、喘息《ぜんそく》もちだったからだ。

清水氏の父親は、そんな言葉に耳を貸さず厳しいトレーニングを課し、清水氏の成績は上がり続けるのだが、それでも周囲の限界説はやまなかった。

清水氏は悔しさをバネにスケートに打ち込み、五百ｍで三十四秒台は不可能とされていた記録の限界を破り、新記録を樹立している。

「自分で限界をつくらなければ、潜在能力はいくらでも開発できる」と清水氏は語っている。限界を突破するには、限界にとらわれないことが重要になる。

スポーツには記録の壁がたくさんあるが、**ほとんどは心理的なもの**に思える。

たとえば女子マラソンでは、長い間二時間二十分が壁とされていた。

だが、高橋尚子《たかはしなおこ》氏が突破すると、それを破る選手が次々と現れるようになった。

そういう例は多い。確かに肉体面の限界は存在するのだろうが、心理的な側面も強いのではないかと考えさせられる。

アドラーが「私たちは人の限界を知りません」「**たいていの人は今よりも遠くに行くことができる**」「あらゆる人があらゆることを成し遂げることができる」という信念をもっていたことは、これまでもふれてきた通りだ。

だから、アドラーは、子どもの教育において、親や教師に「ムリ」「限界」「間違っている」といった勇気をくじく言葉を投げつけないように求めている。

こうした言葉を投げつけられて、なおかつ努力を続けられる子どもは、そうはいないからである。

勇気をくじかれた子どもは、やがては、少し努力すればできることまで、「ムリ」と限界をつくり、撤退してしまうようになるだろう。

同様に、上司は部下の限界を決めつけてはならない。自分は自分に対して限界を設定しない。

大切なのは**「限界など知らない」と力を信じることだ**。限界を決めなければ、人はどこまでも成長していける。そう信じるだけで、人生は希望に満ちてくる。

絵画から文筆まで幅広く活躍した芸術家、岡本太郎氏はこう言っている。

「能力があるかないかなんて、誰にもわからない。自分を賭《か》けることで力が出てくるのであって、能力の限界を考えていたら何もできやしないよ」

Adler's Advice
限界を突破するコツは
限界にとらわれないこと

28

難題に直面したら、「ここが踏ん張りどころだ」と自分を励ます

▼自分で自分の勇気をくじかないようにする

ある企業の社長が難事業への進出を考え、若い社員Bさんを担当に任命した。

Bさんは課題を調べ、専門家たちに話を聞いた。

だが、どう考えても、結論は「進出は不可能」になってしまう。

Bさんは「できない理由」をレポートに箇条書きして提出し、社長に「進出はムリだと思います」と正直に伝えた。

すると社長は「一緒に来なさい」と、Bさんをある会合に連れて行った。

会合には、その難事業に詳しい専門家が何人も集まっていた。社長は専門家たちに進出構想を話し、一人ひとりから見解を聞いた。

その多くが、Bさんがレポートにまとめた見解と同じような内容だった。

社長は、それを箇条書きにし、Bさんに見せて言った。

「どうだ？　これを見れば、どうすれば進出できるかわかるだろう？」

わかるはずはなかった。書かれていたのは、Bさんのレポートとほぼ同じ「できない理由」だからだ。

しかし、そこでBさんは別のことにハッと気づいた。

箇条書きを、Bさんは「できない理由」としか見ない。

だが、同じ箇条書きも、社長の目からは「これさえ解決すればできる」という課題に見えているのだった。

社長に背中を押されたBさんは課題を一つずつ解決し、時間はかかったものの、みごとに難事業進出を成功させたという。


「できない」という思いで見ると、あらゆることが壁に見えてくる。

だが、**「できる」「やってみせる」という意欲をもって見ると、困難は「クリアすれば実現できる課題」に変わる。**

難題をやり遂げる方法は、まず「ここががんばりどころだ」「チャンスと思ってがんばれ」と自分に言い聞かせることなのだ。

困難を避けていると、困難はいつまで経っても壁としてそびえ立つ。

だが、困難に立ち向かえば、壁はずっと低くなる。壁を突き崩す道がはっきり見えてくる。

心理的な壁さえ取り払えば、できる可能性はずっと広がるのである。

アドラーも、教育を例にこう言う。

子どもたちには「**困難は克服できない障害ではなく、それに立ち向かい征服する課題である**」と教えるべきだと。


すべて都合よくいった場合を前提として進むのは危険である。

むしろ、克服すべき課題が見えているほうがいい。

最も望ましいのは課題が見えていて、しかもそれに対して楽観的であることだ。

そういう態度で発言すれば、「この人が言うのだから、難しそうだけれどやってみよう」と相手に思わせる説得力も生まれてくる。実現の可能性はさらに高くなるだろう。

Adler's Advice

障害は障害ではなく「クリアすべき課題」

29

劣等感こそ人を成長させる原動力

▼劣等感を肯定すれば、努力の源になる

アドラーが、授業中に先生に物を投げつける少年のカウンセリングを行うことになった。

何度叱られても、少年は問題行動をやめなかったのだ。

もちろんアドラーは、親や学校が罰すれば罰するほど、問題行動はエスカレートすることを知っていた。少年の目的は物を投げつけることではなく、「おとなから注目される」ことにあるからだ。

アドラーは少年が小柄であることに注目し、こう話を始めた。

「君は何歳ですか。十歳？　それにしては小さくないか？」

むっとする少年に、こう続けた。

「私を見てごらん。四十歳にしては小さいでしょう？　小さい私たちは、大きいことを証明しなければならない。だから先生に物を投げつける。そうじゃないか？」

そして、アドラーはつま先立ちをしてみせた。

「私が何をしたかわかるだろう？　自分を大きく見せようとしたんだ。私は実際よりも大きくなければならないし、皆にもそれを証明しなければならないんだ」

少年は、先生に物を投げつけることによって、小柄なことに劣等感をもつ自分を大きく見せようとしていた。そのことを、アドラーの言葉から悟ったに違いない。

すべての人は劣等感をもっている。

アドラーは「劣等感は病気ではない。むしろ健康で正常な努力と成長への刺激である」と言い、**劣等感こそが人を成長させる原動力であると**考えていた。

つまり、劣等感は肯定的に使うことができる。**「劣等感は人間の努力と成功の基礎」**なのだ。

だが、劣等感が過度に強くなると、人は「劣等コンプレックス」に陥ってしまう。するとどうなるか。

裏返しの「優越コンプレックス」が始まる。

人は誰でも、劣等感を克服し、何とか優越したいと考える。そのために適切な目標を設定し、努力をする。

しかし、劣等コンプレックス＝優越コンプレックスに陥ると、無意識的に自分を大きく見せようとするようになる。そして、おとなであっても、冒頭の少年のような愚かな行為に走ることになる。

自慢話が鼻につく、やたら攻撃的である、並外れて派手だ……といった普通でない行動の裏には、たいてい優越コンプレックスがひそんでいるものだ。

劣等感は多様だ。脚が短いといった身体面。鼻が大きいといった容姿面。数字に弱いといった能力面。人と打ち解けにくいといった性格面。劣等生だったという学歴面……。だが、妬《ねた》んだり嘆いているだけでは、劣等感は克服できない。

アドラーが、私たちをこう勇気づけてくれている。

「すべての人は生まれた時から劣等感と戦って、目標へと向かっていく」

Adler's Advice

劣等感と上手に戦って目標達成力を身につける

30

ないものねだりをしない。「あるもの」を使って課題解決に取り組む

▼ないものねだりをしているうちにチャンスは逃げてしまう

『イソップ寓話《ぐうわ》』の「ほら吹き男」という話の中に「ここがロドスだ、ここで跳《と》べ」という有名なセリフがある。

いつもケチをつけられていた競技選手の男が、海外遠征をした。

男は、帰国すると、あちこちの国で素晴らしい成績を上げたと自慢した。中でも地中海にあるロドス島では、オリンピア競技の選手でさえ届かないほどの大ジャンプをしたと言う。

「皆さんも、ロドス島へ行くことがあったら、競技場にいた観客に聞いてみるといい。彼らが私の大ジャンプの証人になってくれる」

話を聞いていたある人が、男にこう声をかけた。

「それが本当なら、証人はいらない。ここがロドスだ、ここで跳んでみろ」

哲学者のヘーゲルや経済学者のマルクスも引用している有名な寓話だ。

それをアドラーは、優越感が劣等感の裏返しである例として使っている。

男はわざと話を仮定の世界にもち込んでいる。

まず「ロドス島に行くことがあったら」と要求する。自分の劣等感を隠そうとする仮定だ。次に「ここがロドスなら大ジャンプができるのに」と夢想を語る。優越感を得るための仮定である。

男に「ここで跳んでみろ」と声をかけた人は、そんな心理を打ち砕き、現実を突きつけたことになる。

この男のような心理になることは誰にでもある。「いい製品さえあれば」「もし英語を勉強していれば」といった言い訳をする時だ。

こうした心理をアドラーは「**自分が優れているという酩酊《めいてい》の中にあり続けようとする」心理だと指摘した。**

「酩酊の中にあり続けようとする人は、実現不可能な時間への要求をする」「それはよい意図をもっていても、実現されない要求である」と指摘している。

こうした**実現不可能な仮定や要求は、偽りの口実にすぎない。**

スティーブ・ジョブズのスタートは「ないないづくし」だった。貧乏で資金がない、ビル・ゲイツのようなコンピュータ技術もない、大企業CEOのような経営力もない、大学中退で学歴もなかった。

トヨタのスタートも極度の悪条件下だった。敗戦国日本の貧乏企業、不況の中で倒産寸前、アメリカのライバルより技術も規模もはるかに下という悪条件だった。

両者とも、ゼロというよりマイナス状態の中で知恵を絞り、技術を磨き、人を口説き落として力をつけた。そして世界一の座を築いている。

「あれさえあればなあ」と、ないものを数えるのはやめにする。実現不可能な仮定を夢見ることほどムダなことはない。

Adler's Advice

「ない」からこそ人は知恵を絞り、努力を重ねるのだ

31

成功は言い訳すらできないほど、準備を徹底した人にやってくる

▼心を強くするには言い訳をなくすことだ

「準備が十分にできなかった」と言い訳をすることはないだろうか。

やる気は満々だ。能力だってある。準備の大切さも理解している。

だが、「忙しかった」「急用が入ったためにちょっと……」というわけだ。

便利な言い訳である。

こう言えば、失敗しても「仕方がない」と自分を納得させられる。

また、周囲の人たちも「忙しかったんじゃあ、しょうがないね」と同情してくれるかもしれない。

アドラーは、こうした言い訳に手厳しかった。

準備が十分にできなかったのは、要するに「怠惰」ということだ。

アドラーは、「**怠惰であることには隠された無意識の駆け引きがある**」と言う。

そして、最初から言い訳をする人は綱渡りをする人に似ていると示唆している。

どういうことか。

怠惰は、ロープの下に張られた安全網の役割を果たすのだ。

私たちは、現実というロープを必死で渡る。

だが、**ロープの下に「言い訳」という網を張っていれば、綱渡りに失敗して落ちても、衝撃は少ない。**

なぜなら、十分な準備をしないまま課題に取り組んで失敗しても、万全の準備をして失敗した時に比べて、傷つく度合いが少なくなるからだ。

「もし十分に準備さえできていれば、結果は出せた」と自分を納得させることができるからだ。

周囲からの非難も、「十分に準備したのに失敗しました」と言うより、「準備不足で失敗しました」と言うほうが、やわらぐだろう。

私たちは、さまざまな言い訳をする。

「完璧を期したい」のは、やらないことへの言い訳である。

「才能不足」は、努力不足の言い訳だ。

そして「準備ができなかった」のは、傷つかないための言い訳である。

だが、どう言い訳をしようが、現実に「失敗」という結果が出ては、課題は解決しない。

言い訳が上手になったところで、意味はない。言い訳をくり返しても成長しないし、能力も伸びない。

では、どうすればいいか。

言い訳すら用意できないほどの徹底した準備を心がけるのがいい。

そうすれば必ず結果はついてくるし、多少うまくいかなかったとしても、準備不足で臨むよりも確実に成長できる。

準備不足という怠惰を言い訳に使うのはやめよう。そんなことに頭を使うくらいなら、いやというほど準備に時間を使ってみるといい。

Adler's Advice

言い訳を考える暇があったら、準備に時間を使え

私たちは綱を渡る
劣等感で
足が止まる
優越感で
体が傾く

大丈夫だ
あなたは進んでいる
すべては心の揺れにすぎない

第5章

置かれた場所で最善を尽くす

32

「楽天主義」ではなく、「楽観主義」で生きる

▼根拠のない「何とかなる」ではなんともならない

行動に対する基本姿勢は三つある。

①悲観主義
②楽天主義
③楽観主義

アドラーの心理学は、③の「楽観主義」によって人生を成功に導くものである。
①の「悲観主義」は、「できることは何もない」とあきらめる。解決すべき課題があっても、何もしない。ただ見ているだけである。
アドラーは、悲観主義者は「絶滅」の道をたどると、手厳しく指摘している。

私たちの遠い祖先が、まだ樹上生活をしていた頃からそうだった。

祖先たちは、みじめな生活を打開するために木から下りようと考え始めていた。だが、一匹が言った。「どうせダメだよ。事態は私の力を超えている。どうにもならない。私はずっと、木の上にいることにする」と。

そのまま木の上に座り続けた結果、どうなっただろうか。「絶滅してしまった」

とアドラーは言う。恐らく家族も巻き込まれて滅びただろう。悲劇である。

この話は、進化にまつわる寓話ではない。社会の中でくり返されてきたことだ。

②の「楽天主義」も行動しない点では悲観主義と同じだ。課題があっても真剣に受け止めない。「何とかなる」と根拠もなく断定するだけで、結局は何もしない。**楽天主義はプラス思考ではない。**人生を陽気に理解しすぎている。そのため、課題は何一つ解決されず、社会に貢献もできない。

楽観主義は、「どうにもならない」と悲観することもなく、「何とかなる」と楽天に陥ることもない。性格のバランスが取れている。

こんな特徴をもっている。

- **あらゆる課題に勇敢に立ち向かう。だから深刻に考え込むことはない**
- **自己評価が高く、自信がある。だから過度に要求することはない**
- **失敗してもやり直せると考える。だから冷静でいられる**

・人生に対する有利な立場を見出している。だから困難に容易に耐えられる

「できることは何もない」と断念するのではなく、「できることをやろう」と考えるのだ。「何とかなる」場合もあるだろうが、そうでないことも多いと考えて、自分にできることを精一杯やるのである。

こうした姿勢は仕事を進めるうえでも、とても大切になる。

楽観主義者は、低い目標であっても全力を尽くし、目標以上の成果を上げるだろう。高い目標を掲げて未達だった場合も敗北とは考えず、教訓を得て再チャレンジへと向かうに違いない。

楽観主義こそが人生を前進させ、よりよい社会をつくる本当の力になる。

Adler's Advice

「できることはない」ではなく、「できることをやろう」

33

速さにとらわれないで、一つのことに集中する

▼一つでき始めると、二つ、三つとできることが加速度的に増える

アメリカの有名ライター、マルコム・グラッドウェルの調査では、人が何かに習熟して一流になるためには、一万時間がかかるという。

とてつもない長時間に思えるが、そうでもない。

たとえば仕事として**毎日七時間ずつ取り組めば、約四年間で一流になれる。**

平日だけ四時間なら約九年七ヵ月で一流の仲間入りが可能になる。

仮に毎日十二時間の努力ができるなら、約二年三ヵ月で一流だ。


こうした努力で超一流になったのが、ピーター・ドラッカーである。

ドラッカーは最初は経済学者でもなく、著述家でもなかった。スタートは証券会社の見習い社員で、その会社が倒産したため二十歳で新聞社に転職している。

だが、記者として働き始めたものの、国際関係や国際法、歴史や金融などのプロではなかったため、成果はさっぱりだった。

そこで、終業後の午後から夜の時間を使って勉強を始めた。やり方はこうだ。

①一つのことに集中して勉強する

②理解したら次に移り、次々と新しいテーマを決めていく

③この自分なりの方法を守り、継続する

テーマは統計学、中世史、日本画、経済学……と多くの分野に及ぶ。それらを完全に自分のものにはできなくても、理解はできるようになる。

「すでに六十年以上にわたって続けてきたこの方法で、いろいろな知識を仕入れただけではない。新しい体系やアプローチ、あるいは手法を受け入れることができるようになった」と言っている。

ドラッカーが一日何時間、勉強したかはわからない。しかし、一日四時間とすれば一年で千四百六十時間になる。六十年続けたら、実に八万七千六百時間だ。

一万時間の法則を当てはめれば、八〜九分野で一流になったことになる。

世の中には不器用で、何かを身につけるのに時間のかかる人がいる。

でも、**不器用さや覚えの悪さを嘆く必要は少しもない**。

アドラーはこんなアドバイスをしている。

「最初は泳ぐのは大変だったことを覚えているだろうか？　今のように泳げるようになるまでには時間がかかったと思う。何でも最初は大変だ。でも、しばらくするとうまくできるようになる。泳げるようになったのなら、本を読んだり、算数もできるようになる」

実際、オーストリア出身でドイツ語を使っていたアドラーは、中年になってから英語の勉強を始め、完璧ではないが講演ができるほどの英語力を身につけている。

大切なのは、**自力でやろうとすることだ**。また、できる人をうらやんで自分なんかダメだと思わないことだ。

もう一つ、誰かと速さを競わないことである。最初は遅々とした歩みでも心配することはない。やるべきことをやり続ける。そうすれば人はたいていのことができるようになる。

Adler's Advice

時間がかかってもいい。
やるべきことをやれば必ず目標達成できる

34

すごいアイデアを思いついたら、すぐ実行

▼「いい考え」をもつだけでは不十分。実現してこそ本物

人生は、よい意図をもつだけでは十分ではない。

よい意図をもつことはとても大切だが、まだスタートである。

よい意図を口にすることで、少し前進する。

よい意図は実行しなければならない。**成し遂げることで初めて自己実現が果たされ、人に実際に与えることで社会貢献が可能になる。**


よい意図をもつだけで終わる人の特徴を、アドラーは神経症者を例に解説する。

神経症の人は誰もが、「私は最良の意図をもっています」と言う。「共同体感覚が重要なことも、人生の課題を解決するべきであることもわかっています」と言う。

その後、「でも」がくるのだ。

「私だけは例外のようです。問題を解決したくてたまらないのですが、不幸にも、それを妨げられているのです。なぜなら、私は神経症を患《わずら》っているからです」

この「でも」は、私たちの周囲でもしばしば聞かれる。

「こうしてみます。でも……」

「この仕事に挑戦しようと思うのです。ただ……」

「戦いますとも。しかし……」

こう言ったからといって、神経症とは限らない。だが、**「でも」の言明は、「すべて大きな劣等感の兆候である」**とアドラーは指摘している。

よい意図を示すこと自体は、好ましいのだ。課題があるにもかかわらず知らん顔をする人や、解決の意思すら示さない人に比べれば、まだましである。

だが、**人間は「何を成し遂げたか」によって評価される。**意図から一歩を踏み出さなければ、知らん顔の人たちと大差なくなってしまう。


人は運命によって人生を定められているわけではない。目標をもち、それを実現することによって人生をつむいでいく。

「目標もあります。よい意図ももっています。でも、残念ながら今の自分にはできないのです」で終わってはならない。

仕事でもそうだ。「理解している」ことと、「実践している」ことには大きな隔たりがある。二つをセットにする必要がある。

できる人は、必ず**「理解することは実践することだ」という人生の態度を確立しているもの**だ。

なお、アドラーは、よい意図をもたない場合にも注意を払っている。

ある男の子は、「何になりたいか」と聞かれて、「死刑執行人」と答えた。理由は「生と死の主人になりたい」と願っていたからだ。

生と死の主人になりたいなら、たとえば「医師」になろうとするのが人生に有用であり、社会に役立つ方向だろう。

だが、男の子には共同体感覚が欠けており、そのため意図が人生の有用ではない面に向かったのだ、とアドラーは分析している。

Adler's Advice

「何を思いついたか」ではなく「何を成し遂げたか」で評価は決まる

35

他人の言動は気にしない。自分が動けば世界は変わる

▼誰も評論など求めていない。動いてくれることを求めている

アドラーは、行動せずに批評ばかりしている「傍観者」「評論家」を嫌い、こんな例をあげている。

老婦人が道で足を滑らせ、雪の中に落ちて立ち上がることができなかった。人通りは多かったが、誰も助けようとはしなかった。ようやく、ある人が老婦人を助け上げた。その瞬間、「傍観者」が飛び出してきて、老婦人を助けた人に言った。

「とうとう立派な人が現れました。五分間、私はそこに立ち、この婦人を誰かが助けるのを待っていたのです。あなたが最初の人です」

この人は、自分では現実に対して指一本の貢献もしていない。なのに、頼まれもしない「裁判官役」を買って出て、他人に賞賛を与えている。これは見せかけの貢献であり、一種の傲慢である。

目の前に援助を必要とする人がいる時、他人が手助けするかどうかはどうでもいい。**求められているのは自分が動くかどうか**である。

他人が動くことを期待して見守るのは見せかけの貢献にすぎない。他人の行動を賞賛したり批判したりするのは傲慢であろう。

アドラーは世界が完璧なものではなく、悪も困難も偏見もあることをよく知っていた。そんな現実の中で、自ら動くことを恐れる人が多いこともわかっていた。だからといって、傍観者に安んじてはいけないとくり返している。

自分では行動せず、他人に期待するのは愚かである。

「私は何もしないわけではありませんよ。他人の評価をしています」と評論家を気取っても、世界の中に自分の居場所をつくることはできない。

「この世界は私の世界だ。待ったり、期待しないで、私が行動し、つくり出さないといけない」「誰かが始めなければならない。他の人が協力的でないとしても、それはあなたには関係ない。私の助言はこうだ。あなたが始めるべきだ」と、アドラーは傍観者からの脱却を勧めている。

評論家でいるのは楽でいい。「ここが問題だね」「あれを何とかしないとダメだ」

などと指摘するのは、とても気持ちがいいものだ。

しかし、いくら巧みに指摘したところで、それで問題が解決されることはない。

大切なのは、**問題を実際に解決すること**だ。

そして、解決するのは「誰か」ではなく、**「私」でなければならない。**


アドラーが医師を目指したのも、世界をよりよくしたいからだった。医師という仕事で世界を変えていきたかったのだ。

アドラーのところにくる患者は、フロイトに診察を頼む患者とは違って裕福ではなかったらしい。

だが、アドラーにとって、それは問題ではなかった。大切なのは社会を少しでもよくすることだ。貧しい患者を診察し、生活を向上させられれば十分だったのだ。

Adler's Advice

大切なのは、問題を実際に解決すること

36

知識を得ただけで満足しない。
現場を変える実践者になる

▼学ぶことは簡単ではない。だが実践はもっと難しい

アドラーの息子クルトは、父親をこう表現している。

「肘掛《ひじか》け椅子に座り観念だけを追い求めるインテリとは正反対の存在であった」

アドラーはウィーン大学を卒業すると、学問的業績を求めて大学に残る道は選ばず、町で内科を開業した。

身につけた知識や技術を生かして、世界をよりよくしたいと願ったからだ。

アドラーは学者ではなく、改革の実践者であろうとしていたのである。

だが、その反対に、知識を得るだけで満足し、実践までたどりつかない人も少なくない。


ある企業がトヨタ式をベースとする生産改革に成功し、海外工場も同様に改善、改革をしようと、社員Ｃさんにイギリス工場を担当させた。

Ｃさんはイギリス工場に月一回のペースで出張、現場スタッフに数日間の講義を行い、みんなが理解したことを確認後、帰国する。それを三ヵ月、半年と続けた。

参加者は熱心で質疑応答も活発だった。Cさんは手ごたえを感じていた。

ところが、いつまで経っても工場の改善は進まない。

おかしいと思ったCさんが参加者に改善について聞くと、こんな答えだった。

「トヨタ式を学ぶことは楽しい。知識もついた。しかし、現場を改善するのはスタッフである自分の役目ではない。だから、やるつもりはない」

つまり、参加者は学ぶ意欲はもっていたが、実践は他人任せだったのだ。

トヨタ式に必要なのは、**「学ぶ人」でなく、現場を変える「実行者」である。**

Cさんはすぐに座学の時間を減らし、現場で実際に改善を進める実践勉強の時間を増やすようにした。

こうして、やがて参加者自身が改善に取り組むようになったという。

学ぶことは決して簡単ではない。だが、実践はもっと難しい。

どんな実践でも、反対者や無関心層が必ず出てくるからだ。新しい挑戦や、痛みを伴う改革であれば、実践はさらに困難になる。

だからといって学ぶだけに終始したり、あれこれ議論するレベルで終わっては、社会をよくすることはできない。

アドラーはいつも**「動くこと」**を求め、**行動を重視した。**

自分の個人心理学についても、**「学び、かつ、実践しなければならない」**と言っている。

Adler's Advice

学んだことを実践する人が世界を変える

37

置かれた場所で最善を尽くす

▼今の環境に不満をもつより、現状の中で次への力を蓄える

人はいつも好ましい場所にいられるわけではない。「環境が悪いから力が発揮できない」と不満をもち、違う場所に憧《あこが》れることがよくある。

だが、それは「隣の芝生《しばふ》は青い」という比較の罠《わな》の心理にすぎない場合が多い。

ただし、本当に環境が悪い場合もあるから、断定はできない。

だから、まずは**今いる場所で最善を尽くすのがいい**。

そうすれば、今いる場所を好ましい環境に変えられるかもしれない。力が蓄えられ、別の場所に移った時に大きく花開くことができるかもしれない。

アドラーもそうだった。

アドラーが一八八一年から学んだヘルナルス・ギムナジウムでの教育は画一的なカリキュラムの押しつけであり、窮屈で退屈だった。実際、同時代に教育を受けたアインシュタインは、一八九五年にギムナジウムの教育を嫌って退学している。

だが、医師を志していたアドラーは「学校教育のおかげというよりも、学校教育を受けたにもかかわらず」成長できたと皮肉を言いながらも、退学はしなかった。

大学の医学部での教育も、アドラーの望みとは異なっていた。患者の治療よりも診断や実験を重んじる学風だったからである。

だが、ここでもアドラーは「医師になろう」という意欲を失うことはなかった。

しかし、第一次世界大戦中の一九一六年、アドラーは再び不本意な場所に行かされる。オーストリアの軍医として、陸軍病院の精神神経科に配属されたのだ。

そこはぞっとする場所だった。

陸軍病院の目的は傷ついた兵士を早く戦場復帰させることだが、精神的な傷には仮病もある。精神科医の役目は、患者にショック療法を施して苦痛を与え、病院よりは戦場のほうがましだと思わせることだった。

その役目の過酷さを、フロイトはこう言っている。

「医師は……逃亡者を連れ戻す役割を演じなければならなかった……これは医療従事者にとっては不適切な仕事だった」

人の命を守り、社会をよりよくするために医師になったアドラーも、もちろん深く傷ついた。それは何年経っても消えない苦しみになった。

ただし、そんな環境にあってもなお、アドラーは睡眠時の姿勢とパーソナリティーの間に結びつきがあることを発見している。

また、過酷な場所であるがゆえに「われわれは皆仲間である」という思いを強くし、共同体感覚の大切さを語り始めている。


今いる場所を嫌い、違う場所を夢見てばかりいる人は、まずは目標をもち、自分なりの最善を尽くすようにしたほうがいい。そうでないと、別の場所に行ったところで、また別の新天地を求めるようになるだろう。

アドラーは、こうアドバイスしている。

「正しく適切なことはただちに行動することである」

Adler's Advice

力を発揮できない場所でも、力を養うことはできる

38

問題解決の最高の治療法は、予防である

▼治療は過去を処理することであり、予防は未来に備えること

アドラーが医師を志したのは、五歳の時である。肺炎になり、「助かりません」と死の宣告を受けたが、奇跡的に回復した。それがきっかけだった。

「私は医師にならなければならない。この決心に私はいつも忠実であり続けた」

しかし、当時の大学医学部は「診断について論議している間に患者を死なせた」と非難する詩が生まれるほど、診断に偏向していた。患者が臨終に向かいつつあるのに、教授は診断について議論して治療を行わないという光景が普通だった。

患者に必要なのは診断よりも治療である。よりよい世界をつくるのに必要なのも治療だ。

そう考えたアドラーは、卒業後は開業医となり、市井《しせい》の人々を治療するようになった。そして商人や料理人、遊園地で働く曲芸師や軽業師までも診察した。

その中で、治療よりも**さらに予防が大切であることを意識していく**。

アドラーは論文「教育者としての医師」では、はっきりこう書いている。

「病気の子どもたちを治療することではなく、健康な子どもたちが病気にならないように予防することが、医学の論理的で高貴な挑戦である」

以後もアドラーは折にふれて、治療よりも予防が大切だと説いている。

一方、アドラー以前の心理学で主流を占めていた「原因論」は、心の病の原因を過去に求めていた。

「悪いのは過去のできごとや他人の行為であって、あなたではない」と診断されれば、気持ちは楽になるだろう。しかし、過去を変えることはできないのだから、治療にはならない。

単純化しすぎた見方ではあるが、理屈としては原因論は診断法にすぎないと言えるのだ。

アドラーが目指したのは診断ではなく、**治療と予防であった。**

その実践としての職場環境整備、教育改善だった。

心理学というと患者の話を聞いて診断、治療するイメージが強い。だが、アドラーにとっては、心理学は世界をよりよいものに変えていく武器であった。
仕事でも、問題が起きた時に診断と治療をするだけでは問題が再燃する恐れがある。二度と問題を起こさないためには予防が欠かせない。

Adler's Advice

予防ができてこそ本当の治療が完成する

急がなくていい
完全でなくていい
今やろう
この手で始めよう

第6章

「真の仲間」があなたの人生を豊かにする

39

成功する人は「公」で判断し、失敗する人は「私」で判断する

▼迷った時は、より大きな視点から判断する

アドラーが重視する「共同体感覚」は、かなり広い。

こう定義している。

「共同体は家族だけではなく、一族、国家、全人類にまで拡大する。さらには、この限界を超え、動物、植物や無生物まで、ついには宇宙にまで広がる」

共同体をここまで広げるのはなぜか。

そこから行動の判断基準が生まれるからである。

アドラーは、こうした共同体のどれか一つにでも害をもたらすとすれば、それは正しい行動ではないと考えていた。

ある共同体に利益をもたらす行動でも、それが他の共同体に害をもたらすとなると、正しいとは言えなくなる。

たとえば、すでに負けることがわかっている戦いで、なおも何百人、何千人もの兵士に絶望的な突撃を命じる司令官の判断は正しいか。

司令官は「国のために行ったことであり、正しい」と言うだろう。その判断を英雄視する人もいるに違いない。

だが、自分の国という共同体からすれば責められない判断も、他の共同体からすれば、大いに疑わしいことになる。

アドラーは第一次世界大戦に軍医として招集され、傷ついた兵士を再び戦場に送り出すような行為に加担させられた。それだけに、「国のために」という理由で兵士を死地に赴かせることに激しい憤りを感じていたのに違いない。

アドラーは「**正しい判断ができるために必要なのは、普遍妥当的な観点である**」と言っている。

それは簡単に言えば、**迷った時は、より大きな共同体の利害から判断する**ということではないだろうか。

パナソニック創業者の松下《まつした》幸《こう》之《の》助《すけ》氏は、判断する時に「公共の利益」よりも「私の利益」を優先させる心理が入り込むと、有能な人でも失敗すると言っている。

「成功する人と失敗する人は、結局はどこが違うのかをさらにせんじつめていくと、失敗する方には『私』というものがあるのですな。一方、成功する人は『私』というものがありません」

「自分のため」という気持ちが心のどこかにあると迷い、間違いやすくなる。それに対して、自分抜きで「全体のため」を考えると、やるべきことが見えてくるし、間違うこともなくなる。

私たちは、選択肢が多すぎると、結局すべてを選びたくなってしまう。だが、現実には、選べるのはたいてい一つだ。

「自分」よりも「仲間」を選び、「仲間」よりも「世界全体の幸福」を選べば、大きな間違いはない。

アドラーも松下氏も、そう教えているのではないだろうか。

Adler's Advice

「自分のため」ではなく「全体のため」を基準にすると正しい判断ができる

40

人を動かす立場にある人は、人と仲良くなる方法を知っておく

▼他人が何を求めているかを知る

トヨタ式をベースとする生産改革を依頼された元トヨタマンは、工場に行ってみて驚いた。生産ラインが「離れ小島」だらけだったのだ。

離れ小島とは、作業者が機械の間にポツン、ポツンとバラバラに配置されている状態を言う。

そういう配置を好む経営者もいる。機械が多く、人が少なく見えて効率よく生産が進んでいるように思えるからだ。

だが、実際は大違いである。コミュニケーションが希薄になって雰囲気がギスギスしてくる。チームワークが壊れ、不良品が発生しても対策を取れなくなる。遅れた部門が出ても助けられない。

トヨタ式は、**人間味のある環境をつくることで結束を高め、生産効率を上げる。**工場はその正反対の状態にあった。

元トヨタマンは、機械の配置やラインの長さを変え、離れ小島を解消することから改革をスタートさせた。

適正なラインには、工程間でモノや情報をやりとりする「バトンタッチゾーン」

がある。コミュニケーションは、そのゾーンから自然に生まれ始めた。

また、トヨタ式の生産状態報告システム「あんどん」を導入した。不良品や遅れの発生がリアルタイムでわかり、すぐに対処ができるようになった。

こうして工場に共感や信頼が育ち、生産性は飛躍的に向上したという。

共同体感覚を養うには、他者への関心が欠かせない。他者の存在を認め、関心をもち、「この人ならこの場合どうするだろう」と考える「共感」が基礎になる。**「他の人の目で見て、他の人の耳で聞き、他の人の心で感じる」ことが大切だ。**

視野が狭くなって他者の存在が見えにくくなったり、意見に耳を傾けなくなってしまっては、共同体感覚は育たない。

みんなと会話をしている時、すぐ自分のことに話をもっていく人がいる。

こうした自己中心的な人が他者への関心をもつように援助するのも、アドラーの個人心理学の役目だった。

医者になりたいという少年に、アドラーはこう語りかけた。

「よい医者になるためには、君自身以外の他の人にも関心をもたなければならない。病気になった時に他の人が何を必要としているかを理解するためだ。よい友人になり、自分自身のことはあまり考えないようにしなければならない」

少年が医者を志した理由が、最小の努力で偉くなるためだったからだ。

船長になりたいという少年には、こうアドバイスしている。

「友だちをつくりなさい。他の子どもたちと仲良くする方法を学ばないといけない。船長になりたいなら、しっかり基礎を築かないといけない」

その少年はとても威張っていて、友だちが少なかった。アドラーは、人に嫌われていては、命令しても誰も動いてくれないことを少年に伝えたのだった。

Adler's Advice

他人に関心をもち、共感することが人を動かす第一歩

41

偉大な目標を達成するために、協力し、助け合える「真の仲間」をつくりなさい

▼時に協力し、時に競争もできる仲間が「真の仲間」になる

第一次世界大戦中に軍医として過酷な体験をさせられたアドラーは、自国オーストリアの政治家を痛烈に批判することがあった。

前述（P97参照）のイギリス人、フォーブス・デニスが同席した小集会でも、アドラーは自国の批判をした。するとオーストリア人女性が「敵国だったイギリス人の前でわが国を批判することはないでしょう」とアドラーを非難した。

アドラーは穏やかに答えた。

「私たちは皆仲間です」

そして、どの国の人でも、コモンセンスのある人なら同じだと続けた。

それまでアドラーを普通の人だと見ていたデニスが「偉大な人であることがわかりました」と見方を変えたのは、その時のことだった。

それほど「私たちは皆仲間です」というアドラーの言葉には重みがあった。それは共同体感覚を象徴し、個人心理学の核心をなす言葉だった。

アドラーの言う「仲間」とはどんなものなのだろうか？

人生の課題の多くは対人関係である。会社、学校、家庭、社会など、あらゆる場面で、私たちの周りには常に他者が存在する。他者と共にあることによって、私たちは初めて「人間」になることができる。

「一人では自分の目標を達成することはできない。もしも一人で生き、問題に一人で対処しようとすれば、滅びてしまうだろう。自分自身の生を続けることもできない」とアドラーは言っている。

つまり、**協力し、助け合うことで能力を補完し合えるつながりが仲間である。**

ネットを通じたバーチャルな関係とは異なる。単なる数を競うだけの「友だち」など意味がない。

都合よく利用するだけで、言いたいことも言わない「なあなあ」の関係とも違う。時には競争もできてこそ真の仲間たり得る。

ラグビー監督として、早稲田大学、サントリー、ヤマハ発動機を優勝へと導いた清宮克幸《きよみやかつゆき》氏が、こんなことを言っていた。

「本当に競い合った者同士だけが手に入れることができるものがある。それは同志愛とでも呼べるものだ。本気で勝負をしなかった人間は、真の意味での仲間、一生大事にしていける友人をつくることはできない」

競争しか知らない子どもは協力することはできない。

しかし、協力の大切さを知っている人間は、競争も協力もできる。

どんなに優秀でも、「自分さえよければいい」と考え、協力などしたこともない人間には共同体感覚が薄く、大きな成果を上げることは望めない。

人は協力しなければ生きていけないことを知り、不足を補い合いつつ競争できる人間が望ましい。

本当の仲間をつくる力があれば、人は自分の限界を超え、可能性を大きく広げていくことができる。

Adler's Advice

本気でつきあう、本気で勝負する仲間があなたの可能性を広げてくれる

42

協力してもらうのが上手い人、下手な人、その差はココだ

▼「協力してもらう力」も訓練しないと身につかない

すべての人は三つの人生課題に直面する。
①仕事の課題……社会の一員として生きていくための仕事を見つける
②交友の課題……仲間を見つけ、自分の居場所を見つける
③愛と結婚の課題……男女のつき合いや結婚に関する課題
人生の課題はすべて、人と人との関係に結びついている。

つまり、**人生の課題を解決するためには、人と協力する能力を必要とする。**


人と人との関係は、いつもうまくいくとは限らない。

しかし、人間関係がかなり苦手な人と、比較的上手い人の差は、確かにある。

子ども時代から仲間づくりが苦手で協調性のなさや孤立を指摘される人、組織より個人で動くほうが能力を発揮しやすい人。

その逆に、人づきあいが得意でいつも友だちに囲まれている人、チームプレーによってこそ能力を発揮する人。

こうした差はどこで生まれるのだろうか。

遺伝的な要素もあるものの、差のほとんどは訓練によって生まれている。
「われわれは地理を教えられなかった子どもが地理の試験で高得点を取ることを期待しない。同様に、協力する訓練を受けたことがない子どもに協力を期待することはできない」「協力する能力は訓練されることができ、訓練されなければならない」とアドラーは言っている。

大切なのは、教育と訓練は同じではないということだ。

単に言葉や書物によって協力の大切さを教えるのは、教育だ。

教育は重要だが、協力は、それだけで身につかない。

大切なのは**親が子に、教師が生徒に、上司が部下に、協力する態度を身をもって示すことだ。**

背中を見せ、模範となり、率先垂範する。試させ、アドバイスし、試練を与え、導く。そのようにして協力する態度を磨いていくことが不可欠である。

協力する能力は訓練によって身につけることができる。協調性のなさを自覚する人は、それももって生まれた資質のせいにするのではなく、努力や訓練によって磨いていくことが大切だ。

そうすれば、「目的を共有する」「いつも本当のことを伝える」「互いに補正し合う」といった個別の協力ノウハウも、徐々に身につけることができるだろう。

もっとも、三つの人生課題のうち、愛と結婚の問題は少し趣《おもむき》が異なる。

「われわれは一人だけで成し遂げることができる課題か、さもなければ二十人で成し遂げる仕事に対しては教育を受けているが、（男女）二人で行う課題に対しては教育を受けていない」とアドラーは言っている。

だが、案ずることはない。「二人が自分の性格の誤りを認め、対等の精神で問題に対処していくのであれば、適切に成し遂げることができる」と励ましている。

Adler's Advice

人に協力してもらうことによって一のものが十になり、十のものが百になる

43

何事も
惜しんでばかりの人より、
与える人になれ

▼受け取るばかりでは、人の心はやがて離れていく

人と人の関係においては、ギブ・アンド・テイクが重要である。

アドラーは、愛と結婚の問題についても、パートナーシップに、対等なギブと、対等なテイクが重要であると言っている。

そして、**「平等という適切な基礎があって初めて、愛は正しい道を取り、結婚を成功へと導く」**と続けている。

だが、カップルの心の中に「甘やかされた子ども」が住んでいると、ギブ・アンド・テイクの関係が難しくなってしまう。

「甘やかされた子どもは、結婚においても……パートナーに甘えたいと思うのである。このような関係は、つきあい始めた最初の頃や、結婚一年目では危険なことではないかもしれない。しかし、後には困難な状況をつくり出すことになる」とアドラーは指摘する。

甘やかされた二人が結婚すれば、互いに「相手から甘やかされたい」と願うだけで、どちらも甘やかす側にはなりたがらない。

やがて、お互いに「相手から自分は理解されていない」「自分は結婚という罠にはめられてしまった」と感じようになる。
そして愛は崩壊の淵《ふち》に向かうことになる。

甘やかされて育った人は、かつては欲しいものがすべて手に入る黄金時代を生きていた。だから、いつも「すべてが手に入るだろう」と期待する傾向がある。そして、手に入らないと、「人生には意味がない」と考えてしまう。

そして、抗議したり、協力を拒んだり、時には泣いたりして、再び欲しいものが手に入る関係を得ようとする。関心は「手に入るか」だけであり、見えているのは相手の願望ではなく、自分の利益だけだ。

人と人は助け合っており、**ギブ・アンド・テイクは人間関係の基礎をなす**。与えられたいばかりで、自分は何も与えない人を、人は協力者とは見なさない。

もちろん人間関係に厳密なギブ・アンド・テイクは存在しないが、それでもテイクだけを求める人に無限なギブが生じることはない。

アドラーは、こうアドバイスしている。

「われわれは惜しむよりは、むしろ与えることを原則にするのがよい」

仕事でも同じことが言える。

たとえば、大手企業が協力会社に一方的に値引きを要求するような関係は長く続かない。それは「利益の収奪」と呼ばれ、協力会社の企業力を低下させ、最終的には大手企業からの離脱を招くことになる。

理想は「共存共栄」だ。値引きを要求する時は、協力会社が値引きをしても利益が十分に出るように生産改革の支援をしたり、資金面や技術面で力を貸したりするのでなければならない。

Adler's Advice

テイクばかりを求める人にギブが生じることはない

44

「お金」を増やすより「真の仲間」を増やす

▼お金のために仲間を裏切る人生は幸福か？

ウォーレン・バフェットが、お金に執着することの危うさを、こう話している。

「どれほど金をもっているか、去年どれほど稼いだかということを尺度にして人生を歩んでいくなら、遅かれ早かれ厄介な問題に巻き込まれるでしょう」

百万ドル（一億二千万円）の年俸をもらえれば、誰もが満足するだろう。

だが、満足し続けることはない。もし友人の年俸が百十万ドルだったら、たちまち嫉妬《しっと》や不満のとりこになるからである。

自分の価値を「いくら稼いだか」で測る限り、人は常に「もっと」という欲に悩まされることになる。

バフェットは、**人と人のつながりこそが大切だ**と語っている。

「売上や利益を少し増やすために、気の置けない仲間や尊敬する人たちとのつながりを次々に切り捨てていく人たちがいるようですが、そんなふうにして金持ちになる意味がどこにあるのでしょうか」

フロイトの精神分析は費用がかかり、患者の多くはお金持ちだったと言われる。

それに対し、アドラーの患者は庶民だった。

アドラーは、医師という仕事を通して世の中をよりよくするのが目的だと、はっきり自覚していた。たくさんのお金を儲けたり、研究に没頭して名声を手に入れたりするのが目的ではなかった。

研究よりも治療を好み、夕方にはにぎやかなカフェで友人たちと会話を楽しむような生き方を貫いた。

そして、お金第一では共同体感覚が薄れてしまうと、警鐘を鳴らしていた。

「お金を稼ぐことにしか関心がなければ、容易に協力の道から外れ、自分自身の利益しか探さないことになる」

共同体感覚が薄ければ、その人の活動は仲間や社会の益にはなりにくい。

社会は複雑だから、共同体感覚が薄くても、極端な場合はブラック経営者になっても、裕福になる場合がある。だが、そういう人は、稼いだお金で誤った生き方をするかもしれない。

生きていくうえでお金は大切だが、お金のために仲間を裏切るとか、共同体感覚にそむくことでもやるという生き方をアドラーは強く否定している。

「しっかり勉強してきちんとした人になる」「友好的になり、友だちをつくる」「コツコツ働いて、分相応のお金を受け取る」といった常識が重要である。

今いる場所で役割を果たすことだ。会社で役割を果たす。家庭で幸せを与える。地域社会で道路を掃除したりする。

そのようにしっかりとした共同体感覚をもって生きていけば、少なくとも生活するお金に困ることはない。

必ずしも大きな成功は約束できないが、そこに心豊かな人生がある。それがアドラーの考え方だった。

Adler's Advice

「自分にとって真の幸福とは何か？」
それを考えてみる

45

感情的になる人の周りに人は集まってこない

▼泣くのは感情というより、しばしば攻撃、非難、要求になる

怒りは人と人を引き離すとアドラーは考える。

同様に、悲しむとか泣くという行為も、人と人を引き離すと考えていた。

「なぜなら、**悲しんでいる人は、元来、告発者であって、そのことで、周りの人と対立するからである**」と言っている。

そして、悲しみも「過度に誇張されると、周りの人に対する何か敵対的なもの、有害なもの」を含むようになると指摘している。

悲しみは、他者との関係の中で、叱られたり、何かを失うといった時に起こる。

だから、悲しむことは「あなたは私をこれほど悲しませた」という非難になる。

あるいは、「もうこれ以上責めないでほしい」という意思表示となる。

時には「悲しんでいるのだから何かしてくれなくては」という要求にもなる。

アドラーは、悲しむ人は非難や意思表示、要求を通して、人よりも自分が高くなったと錯覚すると言う。

「悲しむ人は告発者、裁判官、批判者となって」「泣いたり嘆くという爆発によって周りの人に対する攻撃を始め」るのだ。

人と人を引き離すのである。

特に、涙を流して泣くことに対しては、非常に注意深くなるべきだ。

涙することは、大切な人間性の一つでもある。

しかし、泣くことを何かの道具や武器にしてはならない。

それは人と人の関係を壊すこともある。

前出（P57参照）の西堀栄三郎氏がこんなことを言っていた。

「リーダーというのは、涙を流せるような人間でなくちゃいかん。だけど、人に涙を見せてはいけない」

部下はリーダーに甘えてもいい。しかし、リーダーは決して部下に甘えてはいけない。だから涙は見せられない。

それが上に立つ人間の覚悟である。

アドラーは、涙の力を「水の力」と呼んでいた。

そして、「涙と不平は協力をかき乱し、他者を従属させるための極度に効果的な武器である」と言っている。

かつて、不正を追及された記者会見で号泣した地方議員がいた。理路整然と説明するのが議員としての責任を果たすスタートだが、そこで幼児のように手放しで泣かれてしまっては、ただただ呆《あき》れるほかはない。

泣くことは、それほど他者を反論できない状況に追い込む。

「勇気をくじかれ、泣くことで、もっとも自分の思う通りのことができると思う子どもは泣き虫になるだろう」とアドラーは分析している。

Adler's Advice

「泣くこと」で現状がよくなることはないことを知っておく

人生は
人間関係だ
過去を見るのも
心を耕すのも
「あの人」のため
生きる工夫は
そこに帰結する

「自分を知る」のではなく、「自分を変える」のがアドラー心理学

私にとって、心理学はずっと自分を解釈するものだった気がする。

しかし、アドラーを知ってから、**心理学は自分を変えるものに変わった。**

未来が明るく開かれ、過去がつらくなくなった。

その爽《さわ》やかな変化さえ読者の皆さんと共有することができたら、本書の目的は達せられたと思える。

本書の企画、制作にあたっては、PHPエディターズ・グループの越智秀樹氏、アールズの吉田宏氏のお世話になった。お礼を申し上げる。

また、執筆に際しては次ページの書籍を参考にし、アドラーの言葉については引用もさせていただいた。

岸見一郎氏は、言うまでもなくアドラー研究の第一人者である。実に多くのことを学ばせていただいた。深甚なる感謝を捧げる。

読者にも岸見氏の著作を一読することを勧めたい。

『アドラーの生涯』エドワード・ホフマン著　岸見一郎訳　金子書房

『個人心理学講義』アルフレッド・アドラー著　岸見一郎訳　アルテ

『性格の心理学』アルフレッド・アドラー著　岸見一郎訳　アルテ

『性格はいかに選択されるのか』アルフレッド・アドラー著　岸見一郎訳・注釈　アルテ

『勇気はいかに回復されるのか』アルフレッド・アドラー著　岸見一郎訳・注釈　アルテ

『恋愛はいかに成就されるのか』アルフレッド・アドラー著　岸見一郎訳・注釈　アルテ

『子どもの教育』アルフレッド・アドラー著　岸見一郎訳　一光社

『生きる意味を求めて』アルフレッド・アドラー著　岸見一郎訳　アルテ
『アドラー　人生を生き抜く心理学』岸見一郎著　NHKブックス
『困った時のアドラー心理学』岸見一郎著　中公新書ラクレ
『比べてわかる！　フロイトとアドラーの心理学』和田秀樹著　青春出版社

〈著者略歴〉
桑原晃弥（くわばら　てるや）
1956年、広島県生まれ。慶應義塾大学卒。業界紙記者、不動産会社、採用コンサルタント会社を経て独立。転職者・新卒者の採用と定着に関する業務で実績を残した後、トヨタ式の実践、普及で有名なカルマン株式会社の顧問として「人を真ん中においたモノづくり」に関する書籍やテキスト、ビデオなどの制作を主導した。
主な著書に『１分間アドラー』（ＳＢクリエイティブ）、『スティーブ・ジョブズ名語録』（ＰＨＰ文庫）、『スティーブ・ジョブズ　神の仕事術』『運が開ける！名経営者のすごい言葉』（以上、ＰＨＰ研究所）、『ウォーレン・バフェット　巨富を生み出す７つの法則』（朝日新聞出版）などがある。

「ブレない自分」をつくるコツ
アドラー流 一瞬で人生を激変させる方法

2015年９月25日　第１版第１刷発行
2017年５月25日　第１版第３刷発行

著　者　桑　原　晃　弥
発行者　清　水　卓　智
発行所　株式会社ＰＨＰエディターズ・グループ
〒135-0061　江東区豊洲5-6-52
☎03-6204-2931
http://www.peg.co.jp/
発売元　株式会社ＰＨＰ研究所
東京本部　〒135-8137　江東区豊洲5-6-52
普及一部　☎03-3520-9630
京都本部　〒601-8411　京都市南区西九条北ノ内町11
PHP INTERFACE　http://www.php.co.jp/
印刷所
製本所　図書印刷株式会社

ISBN978-4-569-82643-1

PHPエディターズ・グループの本

斎藤一人 天も応援する「お金を引き寄せる法則」

柴村恵美子 著

お金に困らない人には共通点がある。日本一幸せで豊かな大金持ち・斎藤一人さんの一番弟子が教える、がんばらないでお金を引き寄せるコツ。

定価 本体一、〇〇〇円（税別）